KB266997

발해 로드

발해
로드

당, 거란, 신라, 일본으로 가는 길

펴낸날 | 2026년 3월 6일

지은이 | 윤재운
편집 | 정미영
디자인 | Jipeong
마케팅 | 홍석근

펴낸곳 | 도서출판 평사리 Common Life Books
출판신고 | 제313-2004-172 (2004년 7월 1일)
주소 | 경기도 고양시 덕양구 중앙로558번길 16-16. 7층
전화 | 02-706-1970   팩스 | 02-706-1971
전자우편 | commonlifebooks@gmail.com

발해 로드

윤재운 지음

당, 거란, 신라,
일본으로
가는 길

평사리
Common Life Books

사통팔달, 발해의 동서남북 네트워크

2004년 11월 5일 일본 이시카와현石川縣 토기정富來町(현재의 시카정志賀町)에서 열린 국제 학술회의에 참가했다. 그 당시에 가나자와 가쿠인대학의 고지마 요시타카小嶋芳孝 교수를 만나, 그분의 호의로 발해 사절단이 도착한 후쿠라福浦 항구 유적을 처음으로 답사할 수 있었다. 그때부터 발해의 네트워크, 즉 길에 관해 연구할 마음을 품었다.

2006년 8월의 일이다. 당시 고구려연구재단 소속으로 러시아 크라스키노성에 가 있었다. 2004년 5월에 중국의 동북공정에 대응하기 위해 세워진 고구려연구재단에는 국내 최초의 발해사팀이 있었다. 2021년에 은퇴한 임상선 선생이 팀장이었고, 2020년에 은퇴한 김은국 선생과 필자가 팀원이었다. 고구려연구재단 발해사팀 소속으로 2004년에서 2006년까지 크라스키노성 발굴에 참여할 계기가 있었다. 개인적으로는 처음으로 러시아 연해주 발해 유적을 볼 기회였다. 2006년 8월의 일이 지금도 잊히지 않는 것은, 919년에 발해에서 마지막으로 일본에 사신으로 파견되었고, 발해 멸망 후인 929년에는 동란국의 사신 자격으로 파견된 배구裴璆의 사례가 떠올라서이다. 휴대 전화가 잘 터지지 않던 크라스키노성에서 재단 측과 연락하면서 알 수 없는 불안한 미래에 밤을 새우기도 했다. 마지막 사신 배구처럼 필자도 출장 전에는 고구려연구재단 소속으로, 출장 후에는 동북아역사재단 소속으로 귀국하게 되었다. 크라스키노성 출장을 계기로 러시아 지역의 발해 유적에 관심을 가지게 되었다.

2007년 12월 21일의 일이다. 속초시청 소회의실에서 '발해 역사를 통해 본 환동해권의 미래와 과제'라는 주제로 학술 세미나가 열렸다. 필자는 당시 동북아역사재단 소속으로 회의에 참석했다. 논문 발표와 지정토론이 끝난 뒤에 종합토론이 이어졌다. 학술회의의 예정 시간이 얼마 남지 않은 상황에서 플로어에 있던 한 노신사가 발언 기회를 얻어 속초가 발해사 연구의 메카가 되어야할 이유를 세 가지로 말씀하셨다. 이유는 속초가 국내에서 옛 발해 영토 출신 실향민이 가장 많다는 점, 러시아 연해주로 가는 북방 항로가 국내에서 처음으로 개통된 점, 그리고 발해를 소재로한 드라마 대조영 세트장이 있다는 점이었다. 연단에서 노신사의 발언을 듣고는 약간의 충격을 받았다. '생각보다 발해의 역사에 관심을 가진 분이 많구나.'를 실감했다. 2009년에 세계 최초의 발해 역사관이 속초시립박물관에 세워지고, '발해의 꿈 프로젝트'가 2015년까지 이어졌다. 2015년 이후 발해 관련 행사는 여러 사정으로 중단이 되었지만 발해 역사관은 굳건히 남아 있다. 이를 계기로 환동해 교류와 루트에 관해 관심을 가지게 되었다.

2016년 한국학중앙연구원의 프로젝트에 선정되어 중국, 러시아, 일본 등을 답사할 계기가 있었다. 이때 선정된 주제가 '발해 네트워크의 역사적 위상―육로, 수로, 그리고 해로'였다. 이 주제는 필자의 오랜 염원이었기에 많이 설레었던 기억이 난다. 이를 통해 중국의 동북 3성과 산둥성, 러시아의 모스크바, 상트페테르부르크, 연해주와 하바롭스크 등을 답사한 뒤 발해 네트워크의 실상에 다가설 수 있었다.

이 책은 필자가 지난 20여 년의 답사를 통해 얻은 성과물을 대중용으로 풀어 쓴 것이다. 해동성국으로 불리기도 한 발해는 대륙과 해양을 경영했던 국가였다. 발해의 활발했던 교류 활동에 대해서는 『신당서』「발해전」에 기록되어 있는 신라도, 일본도, 조공도(압록도), 영주도, 거란도 등의 다섯 개의 주요 교역―교통로를 통해 추정해 볼 수 있다. 그 외에도 발해에는 담비길, 흑수도, 솔빈도 등등 발해의 내부와 외부를 연결한 다른 교역―교통로의 존재들도 알려져 있다.

이 책에서는 발해의 주요 교통로들의 구체적인 노선과 그 교류 양상을 종합적으로 살펴보려 했다. 또한 '네트워크'라는 개념을 통해 발해의 교역―교통로가 가지는 역사적 의미를 규명해 보려 한다. 네트워크란 경제적 역권域圈 간의 사람·물자의 이동 체계를 가리키는 것, 또는 네트워크의 기본적인 성격인 '관계성relations'에 기초해 다양한 연결 기능(신축·확장·팽창·가변·재편성·상호 보완)을 분석하기 위한 기본 개념이다.

발해의 네트워크는 크게 육상과 해양 네트워크로 나눠 볼 수 있다. 해양 네트워크는 기본적으로 항구와 항구를 연결하는 관계망에 의해 형성된다. 육상 네트워크는 운송 방법에 따라 주로 역참을 통한 육로와 하천을 이용한 수로로 나눠 볼 수 있다. 발해의 네트워크는 동유라시아의 주선主線이자 때론 그것을 받쳐 주는 지선支線으로 기능을 했다. 발해가 해동성국으로 불릴 수 있었던 까닭은, 바로 동유라시아의 다양한 네트워크의 중심축이었기 때문이다. 따라서 이러한 발해 네트워크의 실체에 대한 규명은 발해사의 역사상 위상을 높이는 데 꼭 필요하다고 할 수 있다.

이 책은 발해의 네트워크를 크게 네 방면으로 나눠 살펴보았다. 1장에서는 '당으로 가는 길'인 발해의 서부 네트워크에 대해, 2장에서는 '거란·서역으로 가는 길'인 발해의 북부 네트워크에 대해, 3장에서는 '신라로 가는 길'인 남부 네트워크에 대해, 4장에서는 '일본으로 가는 길'인 동부 네트워크에 대해 서술했다. 각 장에서는 5도로 대표되는 발해의 주요 간선 도로의 노선, 주요 경유지와 관련 인물의 행적을 다루었다. 아무쪼록 이 책이 발해 역사 나아가 한국사의 국제 교류를 이해하는 데 작은 도움이라도 되었으면 하는 바람이다.

이 책이 세상에 나올 수 있게 도움을 주신 여러분께 이 자리를 빌려 감사의 말씀을 전하고 싶다. 우선 저자가 발해사 연구를 하는 데 많은 격려와 도움을 주신 구난희, 이병건, 정석배 교수에게 감사를 전하고 싶다. 다음으로 저자의 호인 허배虛盃를 지어 주고 충언과 격려를 아낌없이 베풀어 주신 정인호 교수와 화요포럼 회원들에게도 사의를 표하고 싶다. 그리고 책을 알차고 예쁘게 구성하는 데 도움을 준 평사리 출판사의 편집진에게도 고마움을 전한다. 마지막으로 이 모든 성과는 가족의 희생과 격려가 아니었으면 이루어질 수 없는 것이다. 사랑하는 아내와 귀여운 아들에게도 다시 한번 감사의 마음을 전하고 싶다.

2026년 1월

문천지가 보이는 연구실에서

허배虛盃 윤재운

차례

1장

당으로 가는 길

- 서부 네트워크

압록도와 영주도의 노선과 여정

발해는 우리 역사상 가장 넓은 영토를 보유한 나라였다. 넓은 영
토를 효과적으로 다스리기 위해 필연적으로 도로망이 발달할 수
밖에 없었다. 이러한 발해에는 5도道라는 주요 교통로가 있었다.
즉, 일본도日本道, 신라도新羅道, 조공도朝貢道, 영주도營州道, 거란도契丹道
가 그것이다. 5도 가운데 조공도와 영주도는 당과의 관계, 거란도
는 거란과의 관계, 일본도는 일본과의 관계, 그리고 신라도는 신
라와의 관계를 가진다. 이들 교통로 가운데 노선이 명확한 것은
조공도와 신라도, 일본도이다. 영주도와 거란도의 경우는 그 노선
에 발해 유적이 적어 아직 명확하지 않은 구간도 있다.

조공도와 영주도의 기록은 『신당서新唐書』 지리지地理志 기미주조
羈縻州條에 언급된 「도리기道里記」에 있다. 이에 따르면 조공도는 수로
와 육로로 되어 있다고 한다. 이 교통로는 발해의 구국舊國, 중경中
京, 동경東京, 상경上京에서 떠나 신주神州에 이르고, 신주에서 다시 배
를 타고 압록강을 따라 남행하여 박작구泊汋口에 이르렀다가 그곳

에서 다시 압록강 어귀를 나가 요동반도, 발해해협을 거쳐 등주登州에 이른 후 육로로 당나라 서울 장안長安으로 가는 길이다.

조공도의 명칭은, 조공도가 (당에서) '발해국'을 '말갈국' 또는 '발해군'이라 부르던 것과 같이 당이 일방적으로 부르던 호칭이었으므로, '압록도'로 부르는 것이 타당하다.

영주도는 상경에서 장령부長嶺府를 거쳐 당의 영주도독부營州都督府(지금의 차오양)에 이른다. 장령부는 길림성 화전시樺甸市의 동쪽 약 3킬로미터 휘발하輝發河 남안에 있는 소밀성蘇密城으로 추정되고 있다. 성안에서는 발해의 연화문 와당과 함께 요·금 대의 수면와당獸面瓦當도 출토되고 있어서, 내성과 외성이 동시에 만들어진 것이 아니기 때문에 내성만이 발해 성터일 가능성이 크다. 영주도의 노선은 상경에서 목단강 하곡河谷을 따라 남행하여, 목단령을 넘어 제2 송화강 유역으로 들어가고, 또한 휘발하·유하柳河·혼하渾河 하곡을 따라 영주에 이른다.

이처럼 영주도는 당의 동북 변경으로 가는 중요한 교통로이지만, 거란과 해奚의 경계에 인접했으며, 목단강·송화강 등을 비롯한 크고 작은 강들을 건너야 했다. 따라서 조공 혹은 회사품(回賜品, 조공에 대한 답례품) 등 많은 물건을 지닌 채 이동해야 했던 양국의 사신들에게 인위적·자연적 제약을 가했을 것으로 생각된다. 더욱이 가탐賈耽의 「도리기」는 발해가 존속한 시기의 사료이지만, 「도리기」에 기재된 영주도는 몇몇 다른 시기의 기록들이 묶여 있다. 따라서 영주도가 두 나라 사신들의 왕래에 실제로 이용되었는가는 의문이 남아 있다.

영주도의 노선은 기록의 누락으로 불분명한 구간이 많아서, 이 책에서는 압록도의 노선을 육로, 수로, 그리고 해로 구간으로 나눠 살펴보겠다.

압록도의 육로 구간 : 상경에서 신주까지 천리길

(신주에서) 다시 육지로 4백 리를 가면 현주顯州에 이르는데, 천보天寶 연간에 (발해) 왕의 도읍지였다. 다시 정북쪽을 향하다가 동쪽으로 6백 리를 가면 발해 왕성에 다다른다. (『신당서』 권43하, 지志 33하 지리7하)

압록도의 육로 구간은, 신주(지금의 임강시臨江市)에서 동북 육로로 바꾸어, 현주顯州를 거쳐 상경용천부上京龍泉府에 이르는 여정이다. 이 구간은 1970년대부터 몇 차례의 조사가 이루어져, 일부 구간을 제외하고는 노선 대부분이 밝혀졌다. 과거에는 대개 소밀성을 중경현덕부, 즉 현주의 소재지로 봤으나 이는 명확한 착오이며, 최근 고고학 조사 자료의 실증으로 지금은 연변延邊 화룡시和龍市 서고성西古城을 발해 중경현덕부 소재지로 본다. 신주에서 현주에 이르는 육로는, 발해 고성의 분포 상황을 통해 볼 때 신주에서 응당 동북으로 가서 지금의 무송현성撫松縣城에 이른 뒤에야 다시 동쪽으로 갔을 것이다.

압록도 육로 구간의 대강은 일치하지만, 세부 경로를 놓고는 이

설이 제기되고 있다. 이도백하二道白河를 따라 동쪽으로 가다가 보마성寶馬城을 지나 앙검산성仰臉山城으로 간다는 설, 안도현성安圖縣城을 지나 영경향永慶鄉, 유수둔柳樹屯을 거쳐 부이하富你河를 따라 대포시하향大浦柴河鄉을 통해 돈화敦化에 이르러 현주로 나아갔다고 보는 설, 고동하古洞河를 따라 해란강海蘭江 지류까지 나아간 뒤 장항고성獐項古城을 지나 중경에 이르렀다는 설도 있다.

무송시는 하나의 큰 분지로 송화강이 북·서 양측에서 흘러가는데, 현성縣城이 있던 버스터미널 유류 저장고 안에서 일찍이 발해 시대의 유적이 발견되었다. 1977년 7월 조사 당시에 홍갈색과 황갈색 포문布紋 기와편, 그리고 홍갈색과 회색의 세니도편細泥陶片이 발견되었다. 현지인의 말에 따르면, 과거에 이곳에서 연화문 와당과 철촉이 나왔다고 한다. 무송현성 서쪽과 송화강 서안에, 과거에는 수많은 적석묘가 있었다. 이외에 무송현 서쪽 10여 리 정우현靖宇縣 유수천촌楡樹川村에는 두 개의 발해성이 있다. 하나는 송화강 남쪽에 있어 '유수천성楡樹川城'이라 하며, 둘레는 약 3리이고, 발해 니질도기泥質灰陶와 통와筒瓦 잔편이 출토되었다. 다른 하나는 송화강 북쪽에 있는데, 무송시撫松市 송교향松郊鄉 신안촌新安村 안에 있어 '신안성新安城'이라 불리고 발해 연화문 와당 등의 유물이 출토되었다.

두 성은 송화강 남북으로 서로 떨어져 있지만, 모두 강가의 가파른 절벽 위에 있는 비슷한 산성이다. 일대의 자연 지리 상황을 고려해서, 발해 고성과 교통 노선에 끼치는 영향을 보면, 임강에서 무송에 이르는 구간은 모두 산이 높고 가팔라서 단지 하천 연안의 평지와 현재의 철로·국도 교통로만으로 통행할 수 있다.

무송현성은 주위가 산으로 둘러싸여 있고, 북쪽과 서쪽 양면이 강에 임해 있고 가운데는 넓은 땅이 있는 분지로, 지리 환경이 유수천에 있는 두 산성에 비해 우월하다. 특히 풍주豊州에서 동쪽으로 현주에 이르는 노선을 보면, 지금의 무송현성에서 갔지, 무송현성 서쪽의 두 성에서 동쪽으로 가지는 않았을 것이다. 따라서 무송현성의 발해 유적은 당연히 발해 '풍주'의 소재지여야 한다. 유수천촌의 두 산성은, 당연히 풍주의 위성 혹은 관할 현성의 소재지일 것이다. 풍주, 즉 지금의 무송현성에서 동쪽으로 가면 완전히 고산 지대로, 단지 하천 양안 혹은 지금의 철로·국도 연선을 따라 통행하기 때문에 그밖에 다른 도로는 없다.

무송에서 동쪽으로 가서 지금의 천양泉陽·노수하露水河를 거쳐 다시 동쪽으로 가면 안도현安圖縣 이도백하진二道白河鎭 서북쪽 12리에 있는 보마성(報馬城 또는 寶馬城)에 이른다. 고성古城은 보마둔寶馬屯 동남쪽 1리에 있는데, 둘레는 468미터이고 성안에 대량의 전와磚瓦가 있으며, 안에는 요遼·금金과 청대淸代의 기와편과 아울러 일찍이 발해 지압문指壓紋 판와板瓦가 채집되기도 했다. '흥주興州'가 중경 서남쪽 300리 방향에 있다는 것을 보면, 보마성과 그 북쪽 3~40리에 있는 앙검산성은 당연히 발해 중경 관할인 흥주의 소재지이어야 한다.

현지인의 소개에 따르면 노수하 혹은 보마성에서 앙검산성에 이르는 길은, 비록 산 사이에 작은 길이 있지만 통행하기가 매우 어렵다고 한다. 따라서 노수하에서 동쪽으로 이도백하의 보마성에 이르거나, 혹은 보마성에서 동쪽으로 안도현성에 이르는 도로가 그나마 통행하기 편하고, 그밖에 도로는 없다. 안도현성에서 서북으로 가서 영경향永慶鄕을 거쳐 유수둔柳樹屯에 이르고, 유수둔에서 부이하를 따라 서북으로 가서 대포시하진에 이른 뒤에 여기서 북쪽으로 가서 목단강을 따라 돈화에 이른다. 당 현종玄宗 개원開元 원년(713년)에 최흔崔忻을 발해에 파견했을 당시 발해의 왕도는 구국(舊國, 지금의 돈화)에 있었다. 따라서 이 구간의 노선은 바로 최흔이 간 육로 교통로에 해당한다.

'현주', 즉 중경현덕부에 이르는 노선은, 즉 안도현, 영경향, 유수둔에서 고동하를 따라 동북으로 가서 만보고성萬寶古城을 지나 신합향新合鄕에 이르고, 여기서 고동하를 따라 동남쪽으로 간 이후에 해란강의 지류를 따라 와룡촌臥龍村과 서성진西城鎭 사이의 장항고성獐項古城을 거치고, 또 동쪽으로 가서 지금의 화룡시 서고성의 발해 현주(중경현덕부)에 도달한다.

1978년과 1979년 두 차례의 조사 자료에 의해 서고성에서 동경성 서쪽의 발해진에 이르는, 즉 발해 시기의 중경에서 상경 사이의 발해 고성의 분포 상황이 명확해졌다. 중경에서 상경에 이르는 길, 즉 화룡 서고성에서 상경에 이르는 길은 의심할 여지없이 먼저 해란강을 따라 동쪽으로 가서 연길시에 이르는데 그곳에 발해 고성과 무덤 떼가 있다. 지금의 연길현성에서 동북으로 가면 연길시에 도달한다. 연길시에서 북쪽으로 가서 알아하嘎呀河 유역의 발

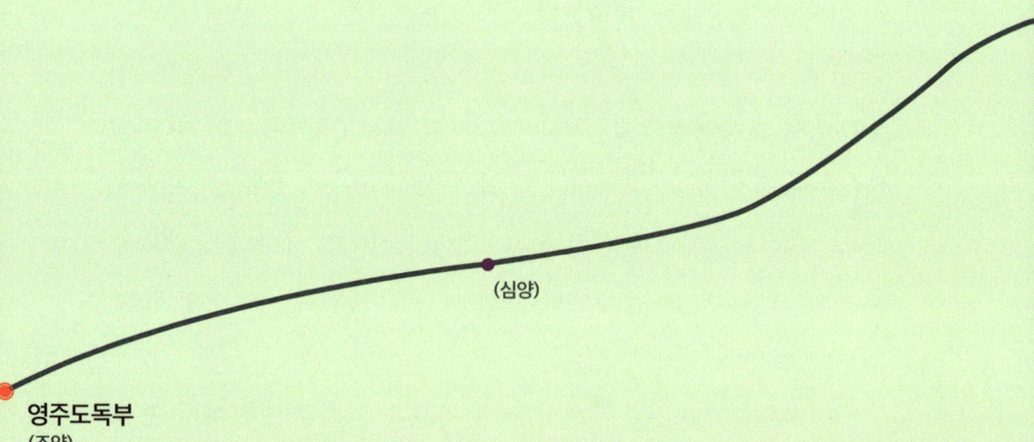

영주도의 육로, 압록도의 육로와 수로
영주도의 육로 구간
압록도의 육로 구간
압록도의 수로 구간
(심양)
영주도독부
(조양)
환도산성
국내
호산산성
박작구

상경용천부
(발해진)
(춘양)
(천교령)
(대흥구)
(왕청 중평촌)
(용천평)
(밀강)
구국 (돈화)
(신합향)
(연길)
동경용천부
팔련성 (훈춘)
장령부
(화전현 소밀성)
(대포시하진)
만보고성
장항고성
중경현덕부
서고성 (화룡)
(영경향)
흥주
보마성 (안도현)
풍주 (무송현)
서경압록부
신주 (임강)
협파고성
동마고성
장백고성
십사도구관애
성

해고성을 따라가면 상경에 도착한다. 연길시에서 발해진 사이에 발해 고성으로는 '왕청현汪淸縣 중평촌仲坪村 고려성인 안전고성보安田古城堡', '중안향仲安鄉 흥륭둔고성興隆屯古城', '대흥구향大興溝鄉 묘령둔廟嶺屯 남쪽 10리의 반성半城'이 있다. 이어서 왕청현 천교령진天橋嶺鎭에 이르고, 천교령진에서 북쪽으로 춘양향春陽鄕 광둔光屯에 있는 작은 성에 도착한다. 춘양향에서 서북쪽으로 곧바로 가면 발해 시기의 상경용천부에 이른다. 이러한 발해 고성은 모두 지금의 하천 유역이나 국도·철로 부근에 있어 고금의 교통 노선이 기본적으로 서로 같음을 알 수 있다.

이러한 발해 사절의 육로 구간은 결국 상경성에서 서경압록부까지이며, 『신당서』 지리지에 의하면 상경에서 현주까지는 600리이고, 현주에서 (신주까지가) 400리라 했으므로 당척으로 1,000리의 길이다. 발해 사절이 이 노정을 가는 데 어느 정도 기일이 걸렸는지 알려 주는 기록은 없으나, 신라와 당에서 하루 보행 속도가 약 50리였다는 점을 참고하면 상경에서 서경까지는 대략 20일 정도 걸렸을 것으로 추정된다.

압록도의 수로 구간: 신주에서 압록강 입구까지 830리

압록강 입구에서 배로 백여 리를 가다가, 작은 배로 동북쪽으로 30리를 더 거슬러 올라가면 박작구泊汋口에 이르고, 여기서부터 발해의 국경에 들어서게 된다. 또 5백 리를 거슬러 올라가면 환도현성丸都縣城에 이르는데, 여기는 옛 고구려왕의 도읍지이다. 다시 동북쪽으로 2백 리를 거슬러 올라가면 신주에 다다른다. (『신당서』 권43하, 지33하 지리7하)

수로는 신주에서 압록강을 이용해 환도와 박작구를 거쳐 황해로 들어가는 구간이다. 신주는 서경압록부의 소재지인 임강臨江이고, 환도는 고구려의 옛 도읍인 집안集安이다. 박작구의 위치에 대해서는 대포석하大浦石河나 애하하구靉河河口로 보는 설이 있는데, 애하하구 부근에서 고구려 대의 호산산성虎山山城이 발견되어 애하하구설이 유력하다. 압록도의 수로 구간은, 임강시에서 압록강 하구까지 당척으로 830리의 거리이다. 내려갈 때는 대략 6일, 거슬러 올라갈 때는 20일 정도가 소요되었을 것으로 추정된다.

이러한 국내성 주변이나 하류 방면의 압록강 수로는 고구려 초기 이래 활발하게 이용되었다. 이에 고구려는 4세기 초 서안평西安平(지금의 단동丹東 애하첨고성愛河尖古城)을 점령한 다음 압록강 수로상의 요지인 이곳을 계속 사용하는 한편, 애하·압록강 합류 지점 동쪽에 박작성泊灼城을 축조해 군사 방어 기능을 보완했다. 그리고 이러한 전통은 발해 시기까지 이어져 서경압록부를 출발해 압록강과 황해에 이르는 압록도를 형성하게 된다.

고구려의 경우, 왕도가 집안에서 평양으로 옮겨갔듯이 그 정치적 중심은 한반도 쪽으로 남하하는 경향이 있었기 때문에 압록강의 집안 위의 상류 지역은 별로 돌보지 않았다. 반면에 발해의 지배 지역은 보다 동북 지방의 오지, 즉 목단강의 상·중류 지역에 있

압록강 일대의 성과 압록강 상류의 고구려성

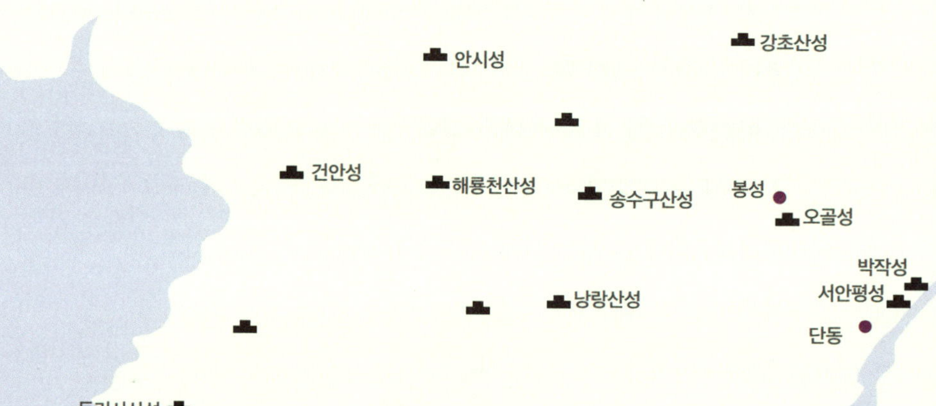

비아랍성
고험지산성
패왕조산성
흘승골성
환인
장춘고성
환도성
국내성
집안
통화
협파고성
동마고성
십사도구관애
장백고성
장백
평양

었다. 게다가 발해와 당과의 교통로가 자주 막히는 상황에서 이 지역과 중국 중원 지역을 잇는 교통로로써 압록강 중·상류 유역에 관심이 쏠리게 되고, 이러한 결과로 임강의 지리적 조건이 중요시되었다. 따라서 임강, 즉 서경이 수행한 역할은 군사상의 방위 거점으로의 역할도 있겠지만, 물자의 집산지로서의 역할이 더 컸던 것으로 보인다. 즉, 당과의 교역에 따른 물자의 유통 속에서 수로와 육로의 전환점이라는 임강의 지리적 조건이 보다 중요시되고, 그것이 집안이 아니라 임강에 서경이 설치된 요인이었다.

비록 근대의 자료이지만 1937년에 간행된 『만주지명대사전滿洲地名大辭典』 압록강조에 의하면, 압록강은 동계 4개월 동안 결빙기이고 7, 8월은 홍수 피해가 잦아 1년의 반은 수운 교통로로서 가치가 없다고 한다. 홍수기 외에도 압록강이 얼어붙는 12월부터 다음 해 2, 3월 사이에는 압록강 수로를 활용할 수가 없었기 때문에 마비 상태였다고 할 수 있다. 앞에서 살펴본 임강발해고성, 장백고성, 임성팔대고성은 압록강 수로를 이용한 압록도의 수로 구간에 해당하는 수참에 해당한다고 할 수 있다. 여기에서 수참은 수상교통 구간에 설치된 발해의 역참 시설을 말한다.

압록도의 해로 구간: 압록강 입구에서 등주까지 1300리

등주에서 동북쪽 바닷길로 가면 대사도大謝島, 구흠도龜歆島, 말도末島 또는 어도淤島를 지나 오호도烏湖島까지는 3백 리이며, 북쪽으로 오호해

烏湖海를 건너 마석산馬石山 동쪽 도리진都里鎭에 이르는 데는 2백 리이다. 동쪽으로 해변을 끼고 청니포靑泥浦, 도화포桃花浦, 행화포杏花浦, 석인왕石人汪, 낙타만橐駝灣을 지나 오골강烏骨江까지는 8백 리이다. (『신당서』 권43하, 지33하 지리7하)

위의 기록에 나오는 지명의 현재 지명은 다음과 같다. 먼저 오골강은 압록강 입구로 추정된다. 낙타만은 랴오닝성 대양하大洋河 하구와 대록도大鹿島 사이의 바다이다. 석인왕은 석성도石城島이다. 행화포는 다롄시 장하현庄河縣 벽류하碧流河 입구의 화원구花園口로 추정된다. 도화포는 다롄시 금현金縣 동북쪽 청수하구淸水河口의 홍수포紅水浦로 추정된다. 청니포는 다롄 부근이다. 마석산은 노철산老鐵山으로, 노철산은 요동반도 남쪽 끝단에 있는 높이 465미터의 산으로 이 부근에서 가장 높아 고대로부터 오늘날까지 항해의 목표가 되어 왔다. 도리진은 뤼순항 입구이다. 오호해는 노철산수도老鐵山水道이다. 오호도는 묘도군도 가장 북쪽에 있는 황성도隍城島이다. 말도末島는 묘도군도 중간에 있는 대흠도大欽島이다. 구흠도는 묘도군도 중간에 있는 타기도(鼉磯島, 현재 砣磯島)이다. 대사도大謝島는 묘도군도 남쪽 장산도長山島이다. 등주는 현재의 산둥성 봉래시蓬萊市 등주수성登州水城이다.

압록도의 해로 구간은 신라 견당사들이 비교적 초기에 이용하던 북부 연안항로의 일부와 일치한다. 즉, 압록강 하구에서 서남방으로 요동반도 남쪽 연안을 따라 항해해 석성도·장산군도를 거

『도리기』에 나오는 항로도
행화포
도화포
낙타만
오골강
석인왕
오목도
마석산
청니포
오호해
도리진
오호도
말도
구흠도
패강구
초도
대사도
등주
(봉래)
장안
장구진
진왕석교
마천도

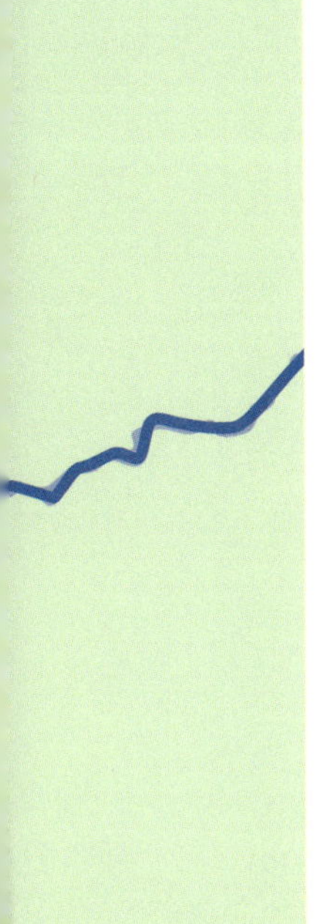

쳐 지금의 여대시旅大市 앞바다에 도착한 후, 서남쪽으로 조금 더 나아가면 뤼순 서남방에 있는 노철산 아래의 도리진에 도착할 수 있다. 압록강 하구에서 요동반도의 서쪽 끝인 노철산까지는 당척으로 800리라 했으므로, 미터법으로 환산하면 대략 427킬로미터 정도 되는 거리이다. 도리진에서 다시 요동반도와 산둥반도를 잇는 묘도열도의 황성도·구흠도·장산도 등의 섬을 거쳐 당척으로 약 500리를 항해하면 당의 등주에 도착할 수 있었다.

신라와 일본의 견당사의 항해 속도가 하루에 약 41킬로미터 정도였다는 것을 고려하면, 발해 사절이 압록강 하구에서 등주까지 가는 데에는 약 20일 정도 걸렸을 것으로 보인다. 그리고 『신당서』 지리지에 나오는 해로 구간의 지명들은 해당 구간의 기항지로 추정된다. 발해 사절이 이 해로 구간을 이용했음은 828년 10월에 입당했다가 귀국 도중 도리포에서 익사한 사례와, 조난을 당한 일본 견당사가 당에 귀국을 청해 등주에서 바다로 나가 발해 경내에 도착한 사례를 통해 알 수가 있다.

다시 부언하자면 압록도는 육로와 수로, 그리고 해로를 적절히 배합하고 결합해 당과 교류를 가능하게 했다는 데서 의미가 있다고 할 수 있다. 한때 영주도

주변 정세의 영향으로 그 소통이 원활하지 못했을 경우, 압록도가 그 대안으로 부상되었다. 이런 의미에서 당나라를 중심으로 표현한 조공도보다는 해로와 육로의 분기점이 된 등주가 기준이 된 '등주도'로 볼 수도 있다. 이러한 압록도는 안정성으로 인해, 신라 역시 중원으로 가는 세 가지 코스 중에 적절히 활용했다. 따라서 압록도 또는 등주도는 발해와 신라가 공유한 길이기도 하다.

여정의 내용과 의미

압록도와 영주도를 통한 발해 사절단의 활동은 크게 정치·경제·문화 등으로 나눠 볼 수 있다. 먼저 정치 활동으로는 발해 사신은 사료상 내조來朝 또는 조공朝貢으로만 기록되어 있지만, 그 목적과 도착 시점을 통해 황제나 황후 등의 부고를 전하기 위해 보내는 사신인 고애사告哀使, 새해를 축하하기 위해 보내던 사신인 하정사賀正使, 단오날을 축하하기 위해 보내던 사신인 단오사端午使 등으로 구분할 수 있다. 또한 발해 사신 중 적지 않은 경우는 숙위宿衛로 당에 장기간 체류했다.

둘째로 발해 사절의 경제 활동으로는 조공을 통한 경제 교류를 들 수가 있다. 발해는 당나라에만 120여 회의 사절단을 파견했다. 발해의 대당 무역對唐貿易은 그 주체에 따라 공무역과 사무역으로 나뉜다. 그리고 공무역은 다시 두 가지로 나눠지는데, 조공과 책봉이라는 형식을 통해 이루어지는 물자 교역이 하나이고, 외국과의 물물 교역이 이루어지던 장소인 호시互市를 통한 교역 활동이 다른 하나이다.

발해 사절단이 당나라에 갔을 경우, 당에서 발해 사절단을 접대한 총괄 부서는 예부禮部이고, 주객낭중主客郎中이 그 중심이었다. 홍려시鴻臚寺·전객서典客署는 그중에서 주로 장안에서 그들의 접대를 예부와 연락을 취하면서 담당했다. 당 왕조 측의 조공 무역 관리를 살펴보면, 조공 관계를 맺은 나라의 이름은 예부 주객낭중과 홍려시·전객서에서 기록했고, 무역 품목과 액수는 호부戶部에서 기록했다. 또 물품의 보관은 태부시太府寺가 관리했다.

이처럼 조공과 하사의 형식을 통해 상당량의 물자 교역이 있었다면, 조공과 관직과 작위인 관작官爵, 신분이나 벼슬의 등급을 나타내는 관인官印을 몸에 차기 위한 끈인 인수印綬의 수여를 통해 이뤄진 중국 정부와 발해 사이에 물자 교류 형태를 조공 무역이라 할 수 있다. 한편 중국 정부에서 파견한 관료와, 신라와 발해에서 당에 파견한 견당사 사이에 직접 물자가 거래된다는 점에서 조공 무역은 공무역의 성격을 가지며, 개인과 개인 또는 개인과 집단 간의 사적인 교역과는 구분된다.

다음으로 대당 무역에서 조공 무역과 구별되는 것으로 호시를 통한 교역을 들 수 있다. 호시의 설치와 운영은 중국 황제의 허가로 소재지 정부나 관인의 관리와 감독 아래 행해졌다. 일반적으로 호시에서 말이나 소, 낙타 등을 교환했다. 그 사례로 이정기李正己 일가가 지배하던 시기에 발해와 치청번진淄靑藩鎭 사이에서 이루어진 교역을 들 수 있다. 이때 당 측이 주는 물품이 발해 지배층이 필요한 견絹·백帛 등의 직물이어서, 소위 '견마무역絹馬貿易'이라고도 불렀다.

공무역을 담당했던 사람들은 빈번히 당에 파견된 외교 사절단이었다. 이들은 본국의 왕을 대신해 공헌품貢獻品을 헌상하고, 그 과정에서 본국 왕에게 주는 회사품과 사절단 개인에게도 관등의 높고 낮음에 따라 회사품을 받았다. 따라서 공무역 주체는 외교 사절단으로 파견된 사람들이었다고 할 수 있다.

셋째로 발해 사절의 문화 활동을 들 수가 있다. 이는 발해 사절에 의한 당 문화의 수입과 자국 문화의 당 전파로 크게 나눠 볼 수 있다. 발해 문화의 당 전파는 자료가 없어서 현재로서는 알 수가 없다. 발해 사절은 당으로부터 불경과 사서·문집 등의 각종 서적을 수입해서 보급했다. 불경의 사례로는 일본 이시야마데라石山寺에 소장된 『불정존승다라니경佛頂尊勝陀羅尼經』을 들 수가 있다. 이 발문에 의하면, 이 경전은 861년 일본에 사신으로 갔던 이거정李居正이 전해 줬다고 한다. 내용으로 보아 원래 당에서 필사되었던 불경이 발해에 유입되었다가 다시 일본으로 전해졌음을 알 수 있다. 발해 문왕 2년에 발해 사절이 『당례唐禮』, 『삼국지三國志』, 『진서晉書』 등을 필사해 가기를 청해 허락받았다고 하므로, 그들 역시 『삼국지』 등의 사본을 발해로 가지고 왔음이 틀림없다. 다음으로 발해 사절은 당에서 각종 학예를 직접 습득해 왔는데, 대표적인 것이 숙위이다. 그리고 이들을 따라갔을 것으로 추정되는 구법승으로 '살다라

薩多羅'를 들 수 있다. 그는 대건황大虔晃 초기에 당나라 장안에 가서 머물렀는데, 새와 짐승의 말에 능통했다고 전해지는 신화적 인물이다.

압록도는 정치적으로 발해 사절단의 통로이자, 경제적으로 무역품의 수송 루트, 그리고 문화적으로 발해와 당 사이 학문과 사유가 교류하던 길이라는 의미가 있다고 할 수 있다. 나아가 수상, 육상, 해상 교통로를 아우르는 네트워크의 거점으로서, 동아시아 네트워크의 동맥이었다고 할 수 있다.

문명의 교차지, 영주

영주營州(지금의 랴오닝성 차오양)는 발해 건국과 관련된 중요한 곳이자, 역사상 동북 지역의 교통 요충지로 수많은 민족이 교류하던 문명의 교차지였다. 영주는 이른바 요서주랑遼西走廊의 기점으로 내몽골부터 발해만으로 이어지는 길목이자, 송원대평원 지대를 연결하는 접점이기도 하다. 지형적으로 보면 해양과 내륙을 연결하는 곳이며 생활 양태로 보면 농경과 유목이 교차하는 지역이다. 뿐만 아니라 영주는 동서 교류의 주요 거점이기도 했다.

영주의 발자취와 교통로

영주는 남북조시대 요서 지역에 설치되어 요나라 때까지 있었던 중국의 옛 군이다. 북위 때에 지금의 차오양 시인 화룡성和龍城을 치소로 삼았다. 수나라 때에는 영주 전체를 1개 현인 요서군 유성현柳城縣으로 통폐합했다. 수나라 말에 군사를 거느리고 투항한 속말말갈의 추장 돌지계突地稽가 본주에서 거처하면서 금자광록대부授金紫光祿大夫·요서태수遼西太守에 제수되었다.

당나라 때인 618년(무덕 원년)에 영주총관부營州總管府를 설치하고 속현으로 유성현을, 속주로 요주遼州, 연주燕州를 두었다. 624년(무덕 7년)에 영주총관부를 영주도독부營州都督府로 개명하고 이후 일곱 개 주를 속주로 두었다.

고구려 멸망 이후 지속해서 일어난 고구려 부흥 운동을 진압한 당나라는 상당수의 고구려 유민들과 말갈인들을 영주에 정착시켰다. 697년(만세통천 2년)에 고구려 유민과 말갈인들이 대조영을 중심으로 뭉쳐 당나라에 대항할 기미를 보이자, 이를 거란으로 견제하기 위해 이들을 영주에 이주시켰으나, 같은 해에 거란의 손만영에 의해 빼앗겼다. 705년(신룡 원년)에는 부의 치소를 유주 경계로 옮겨 설치한 뒤 716년(개원 4년)에 유성으로 돌아오게 했다. 742년(천보 원년)에 유성군으로 개명했다. 그러다 758년(건원 원년)에 영주로 원명을 복원했다.

342년에 전연前燕의 모용황慕容皝이 유성 북쪽, 용산 남쪽에 용성龍城을 건립했다. 유성은 한漢나라 시기 요서군의 유성현을 가리키는데, 지금의 차오양시 남쪽의 원대자袁臺子이다. 용산은 차오양시 동쪽의 봉황산을 말한다. 모용황이 용성으로 천도해서 용성이 한나라 대의 유성을 대신해 요서의 정치·경제·군사의 중심지가 되었다. 용성은 북위시대에는 영주의 치소였다.

용성을 중심으로 하는 요서의 육로는 남쪽, 북쪽, 그리고 동쪽의

조양박물관 전경 페르시아 인형 조각과 동로마 화폐, 소그드인 조각 등 서역 관련 출토품이 전시되고 있다.

전연 모용황의 용성 건설 모습

세 길이 있었다. 남쪽으로 가는 길은 대릉하大陵河를 따라 서남쪽으로 가서 백랑성白狼城을 거쳐 한·위 시대의 노룡새도盧龍塞道로 들어갔다. 동쪽으로 가는 길은 대릉하 하류의 여라성을 거쳐 평주平州(옛 양평)로 가는 교통로였다. 북쪽으로 가는 길은 지금의 대흥안령大興安嶺 주변 부족들과 왕래하던 길이었다. 수당 시기에는 앞서 언급한 영주도와 압록도가 이용되었다.

다문화의 중심지

수당 시기 영주 지역에는 거란, 해奚, 말갈, 실위, 고구려, 돌궐과 서역호인 등의 민족이 모여 일종의 용광로 같은 역할을 했다. 이렇게 된 이유는 수나 당으로 유입해 온 여러 민족을 위해 설치한 기미주현羈縻州縣 때문이었다. 예컨대 당 전기에는 거란족을 위해 요주·창주·사주·대주·현주·옥주·신주를, 해족을 위해서는 선주·숭주를, 말갈족을 위해서는 연주·신주·여주·이빈주를, 실위를 위해서는 사주(거란·실위 부락과 합침)를, 돌궐을 위해서는 서주를 두었다.

기羈는 말의 굴레, 미縻는 소의 고삐로, 상대를 견제만 할 뿐 직접 지배하지 않는 간접 지배를 의미한다. 이러한 방식은 주로 당이 이민족을 지배하기 위해 실시한 정책이었다. 이러한 당의 기미 지배 체제의 기초가 된 것은 당의 군사적 성공이었다. 한때 당 왕조가 직접 조공을 바치기까지 하던 동돌궐을 630년에 멸망시키는 데 성공하면서부터 시작된 당의 대외 정복 활동은, 634년 토욕혼

조양 북탑의 전경

吐谷渾의 제압, 640년 고창국高昌國 정복, 646년 설연타薛延陀 제압, 657년 서돌궐 정복, 660년 나당 연합군에 의한 백제 멸망, 668년 고구려의 멸망으로 이어진다. 당은 이를 통해 동아시아 일대에 자신의 강대한 힘을 널리 알렸고, 이를 바탕으로 이전의 대이민족 정책보다 한층 더 적극적이고 직접적인 통제 정책을 시도할 수 있었다.

기미 지배의 본격적인 시작은 동돌궐의 붕괴 이후 당에 와서 복종한 돌궐항호突厥降戶의 처리 문제에서 시작된 것으로 알려져 있다. 물론 동북방 일대에서 619년에 거란기미주가 설치된 적이 있지만, 본격적인 기미주의 설치는 돌궐 붕괴 후의 일이었다. 이때 돌궐항호에 대한 두 가지 처분 방안이 이야기되었다. 하나는 이들을 아예 강남으로 이주시켜 농사를 짓고 풍속을 바꾸자는 것, 다른 하나는 그들을 원래 살던 곳으로 돌려보내 그들의 풍속에 맞게 살게 하되, 각 부족을 독립시키고 각각의 군장들에게 당과 종속 관계를 갖게 해 다시 합치지 못하게 하자는 것이었다.

당 태종은 처음에는 절충적 태도를 보여, 돌궐항호들을 하남에 집단 이주시키고 새로운 6개 주를 설치했다. 그리고 내지로 이주하지 않겠다는 돌궐항호들에게는 동북방에서 했던 것처럼 기미부주를 설치했다. 그러나 639년 돌궐항호들이 벌인 당 태종 암살 미수 사건이 일어나자, 이민족들을 그들의 본국과 하북 일대로 옮기고 기미부주를 설치해 관리하도록 했다. 이는 로마 제국의 금언인 '분리하여 지배하라'와도 일치한다. 즉, 기본적으로 기미 지배는 부족 단위로 나눠 통치하는 것을 목표로 하고, 이를 통해 이민족

세력을 약화해 대외 위협을 감소시키고자 했다.

당 왕조는 엄청난 숫자의 기미부주를 설치했다. 최근의 연구에 따르면 "당 고조 무덕 원년 이래로, 선종 대중연간까지 240년 동안, 기미부주 설치가 끊이지 않았다."라고 한다. 당 현종 치세에 직접 통치가 이루어지는 주의 개수는 315개인데, 기미부주는 856개에 달했다.

당은 이들 기미부주와 그 일대의 여러 변방 주들의 군정을 담당하는 도독부를 두었으며, 도독부의 상급 기관으로 6개의 도호부(안동도호부, 안북도호부, 선우도호부, 안서도호부, 북정도호부, 안남도호부)를 설치했다. 이때 당은 가능하면 도독부까지는 현지의 유력자, 귀족, 왕족 등을 임명했지만, 도호부는 중앙에서 관리를 파견해 관리하기도 했다.

또한 이러한 기미부주들은 자치가 허용되었고, 간접적인 보호국으로 존재했다. 실제로 당은 본주, 즉 본국의 부, 주, 현 구조의 지배가 이루어지는 영역만을 자신의 영토로 인지하고, 기미부주 지역은 본국 내에 있는 것이 아니라면 자신의 영토로 여기지는 않았다. 이러한 영주 지역의 다문화 상황은 '영주가營州歌'라는 노래를 통해서도 알 수 있다.

영주의 소년들은 초원의 생활에 만족하며 營州少年厭原野

여우 가죽옷을 입고 성밖에서 사냥하네. 狐裘蒙茸獵城下

이들은 술을 천 잔 마셔도 취하지 않고 虜酒千種不醉人

열 살이면 말을 탈 줄 안다네! 胡兒十歲能騎馬

'영주가'는 당나라 시인 고적高適(707~765년)의 칠언절구이다. 그는 안사의 난 때에 간의태부로 발탁되었으나, 그의 직언 탓으로 환관 이보국에게 미움을 사서 자사로 좌천되었으며, 두보와 가까이 지냈다고 한다. 이는 변경 지역의 상무 풍토를 묘사하고 북방 소수 민족 청소년들의 모습을 생생하게 묘사해 그들의 용맹한 정신을 기린 시이자, 당 시기에 유행한 변경에서의 외로움과 전쟁과 이별의 비참함을 읊은 변새시邊塞詩의 대표적인 작품 가운데 하나이다.

고구려인이 영주에 온 이유

1975년 중국 차오양현朝陽縣 서대영자향西大英子鄉 하남촌河南村의 고분에서 묘지墓誌가 출토되었다. 이 묘지명은 49세의 나이로 691년에 사망한 고구려 유민 고영숙高英淑의 것이었다. 이는 당 연재延載 원년(694년)에 만들어졌으며, 한 변의 길이가 85센티미터인 사각형 모양이다. 묘지석은 현재 조양시박물관에 소장되어 있다. 이 묘지를 통해 사서에 전하지 않는 그녀의 존재가 알려졌는데, 그녀가 고구려계일 가능성은 최근에야 제기되었다. 묘지에는 그녀의 본관을 창려昌黎 고죽인孤竹人이라 했는데, 귀부한 거란인들이 본관으로 삼은 지역이 고죽이라는 점에서 그녀의 집안 역시 거란에 속했다고 보았던 탓이다.

그렇다면 고구려 유민 고영숙은 어떠한 연유로 이곳에 묻혔을까? 묘지명에 따르면 그 가계가 현재의 조양을 본관으로 삼은 고구려계 집안으로, 북위에서 당대까지 유민 집단을 이끌었다는 사실을 전하고 있다. 이처럼 고영숙 가계와 연고가 깊은 조양, 즉 요서 지역에는 선비 모용부에 의해 이주한 고구려인이 6만 명에 이르렀다고 한다. 이 가문은 그 증조·조부에 이르면 본번대수령本蕃大首領으로 활약했고, 당대에는 사주자사師州刺史라는 직을 맡았다. 이는 고영숙 집안을 비롯한 고구려계 유민이 새로운 지역에서 집단을 이루고 이를 당대까지 유지했음을 보여 준다. 아울러 당의 사주師州는 기존에 거란과 실위 부락으로 구성된 기미주의 하나로 알려져 있었지만, 고구려 유민 집단도 이곳에 중요 구성원이었음이 밝혀졌다.

이후 고구려가 멸망한 후 많은 고구려인이 당나라로 끌려가서 망국의 아픔을 안고 살아갔다. 그러나 그중에는 개인적으로 뛰어난 능력을 발휘해 당에서 큰 자취를 남긴 인물들도 있었는데, 고선지高仙芝, 이정기, 왕사례王思禮, 왕모중王毛仲 등이 그들이다.

당으로 이주한 고구려 유민들의 운명은 크게 두 부류로 나뉘었다. 하나는 당의 내지에 배치되어 일반민으로 편호編戶된 경우이고, 또 하나는 이민족과 대치하는 변방에 배치되어 특별한 방식으로 관리된 경우이다. 당의 변방에는 고구려인 이외에도 당에 항복하거나 끌려간 이민족들이 특별 관리되고 있었다. 그들은 대부분 종

고영숙 묘지명 탑본

족별로 구성된 기미부주 또는 '성방城傍'으로 편제되어 자신들의 습속에 따라 생활하다가 유사시에 군사로 동원되었다. 이때의 성방은 기미부주와는 다른 일종의 반전문적인 이민족 군사 집단을 말한다. 당대 성방 사람 대부분은 유목민들로, 평상시에는 원래의 부락 조직을 보존하면서 병목합일兵牧合一의 생활을 영위했다. 그리고 이들은 당의 군대에서 최강의 전투력을 자랑하며 변경군을 보완했을 뿐 아니라, 당이 대외 원정에 나설 때 함께 종군하여 눈부신 활약을 했다.

이러한 성방에 대해서는 여러 견해가 있다. 우선 성방 또는 성방 자제城傍子弟는 지역 방위병인 단결병團結兵의 구성원이며, 단결병과 같은 존재라는 입장이 있다. 둘째, 성방은 이민족 집단과 밀접한 관계가 있는데, 당에 투항하거나 귀순한 북방 민족의 거주 지역이며, 이민족으로 구성된 번병蕃兵이라고 보기도 한다. 셋째, 성방은 당이 귀부한 주변 민족을 군진軍鎮의 성 부근에 안치해 세금을 가볍게 하고, 부락 조직을 보존시켜 유사시 군대로 동원했던 병목합일의 민병이라는 입장이 있다. 마지막으로 당이 내부한 이민족 부락을 감독하기 편리하게 만든 일시적 조치에 불과한 것으로 항구적인 조직이 아니었다고 보기도 한다.

이를 통해 성방이 당이 내부한 이민족을 대상으로 설치한 이민족 조직이었다는 점, 성방은 병역의 일종으로 일정한 시기에 지방관의 명령으로 소집되어 훈련받고, 유사시에는 전투에도 투입되었다는 점 등이 밝혀졌다.

당의 변방에 배치되었던 고구려 유민의 상당수는 성방에 편제된 것으로 보인다. 이러한 추정을 가능하게 하는 좋은 예는 영주에 거주했던 고구려 유민 왕사례의 행적이다. 기록에 그는 '영주 성방고려인營州城傍高麗人'이라고 나온다. 고구려인으로 구성된 성방 사람들은 '성방고려인'이라고 불렸다. 왕사례 이외에도 안사의 난 이후 산둥 지역을 지배했던 이정기 일가 역시 영주의 '성방고려인'이었고, 그와 함께 영주에서 산둥으로 이동했던 2만여 명의 병사 중에도 영주의 '성방고려인'이 많았을 것이라고 한다. 발해를 건국한 대조영도 영주의 성방 출신이었다는 견해도 있다.

발해 건국의 기점

영주는 발해 건국의 기점이 된 곳이기도 하다. 이곳에는 앞서 서술했듯이 많은 민족이 모여 살았다. 696년에 거란 추장 이진충이 영주도독이던 조문홰를 살해한 사건이 일어났다. 이진충은 굴가窟哥의 손자이고 그와 함께 거사에 참여했던 이가 처남 손만영이었다. 이진충은 스스로 무상가한無上可汗이라 부르고 손만영을 대장으로 삼으니, 이르는 곳마다 항복해 열흘 만에 병사가 수만 명에 이르렀다. 이에 측천무후가 난을 진압하려 했으나 실패했다. 그러나 손만영이 단주檀州를 공격하다가 장구절張九節에 의해 패하고, 갑자기 이진충도 죽게 된다. 이후 697년 당의 군대에 포위되자, 이해고李楷固·낙무정駱務正 등이 투항하고 돌궐·해의 군대와 연합한 당군에

성산자산성(위), 육정산고분군 표지석과 오동성 표지석(아래)

의해 손만영까지 피살되어 이른바 이진충의 난은 끝을 맺었다.

난의 영향으로 영주 일대는 혼란에 빠지게 되었고, 이 틈을 타서 대조영 등의 고구려 유민들은 영주를 빠져나와 발해를 세우는 데 성공했다. 이때 대조영의 아버지 걸걸중상은 당으로부터 진국공으로 책봉하겠다는 회유도 받았으나, 그 제의를 거절했다. 그 뒤를 이은 아들 대조영은 추격해 오던 거란 출신 이해고를 천문령에서 물리치고 건국에 성공했다. 이에 대조영은 698년에 '구국'의 동모산에 나라를 세우고 진국이라 했다. 동모산은 지금의 지린성 돈화시에서 서남쪽으로 12.5킬로미터 떨어진 목단강 지류 대석하大石河 남안의 산이다. 이 산에 있는 성산자산성城山子山城이 대조영이 진국을 건국한 장소로 추정된다.

돈화에는 왕족의 무덤인 육정산고분군六頂山古墓群이 있고, 당이 발해에 준 홀한주忽汗州라는 명칭도 목단강에서 유래한 것이다. 건국 이래 여러 전란의 소용돌이 속에 발해는 방위를 최우선으로 해 돈화에 도읍을 둔 것이다. 이후 문왕 때인 천보연간(742~756년)에 현주로 천도할 때까지 돈화는 발해의 도읍이었다. 이 천도로 건국부터의 도읍은 '구국舊國'으로 불리게 되었다. 여기에서 '국'은 국가가 아니라 도읍의 의미로, '구국'은 옛 도읍이 된다.

발해 네트워크의 허브, 상경과 중경

발해 도성의 입지 조건

발해의 영역은 현재 중국의 동북 3성과 한반도 북부 지역, 그리고 러시아 연해주에 있었고, 수도는 지금의 동북 3성에 있었다. 동북 지방은 전체적으로 대흥안령大興安嶺·외흥안령外興安嶺·소흥안령小興安嶺·장백산맥長白山脈 등지의 산지로 둘러싸여 있고, 흑룡강黑龍江·송화강松花江·눈강嫩江·요하遼河 등이 그 사이를 흘러 평원을 이룬다. 또한 서쪽은 광활한 몽골고원, 북부는 동토의 황무지, 동부와 서남부는 바다에 연해서 사방의 지리 환경의 차이가 큰 곳이다.

여기서 고려해야 할 것은 전업 농경의 한계선인 연 강수량 500~600밀리미터에 해당하는 지역이다. 동북 지방의 서쪽 한계선은 길림성 농안農安 지역에 해당한다. 이 지역은 주변 저지대에 비해 상대적으로 높아서 농경이나 방어에 유리한 지형 조건이다. 아울러 이 지역은 부여의 터전이었으며, 부여가 고구려에 복속되어

동북 지구 지세도와 발해 5경(빨간색 점)

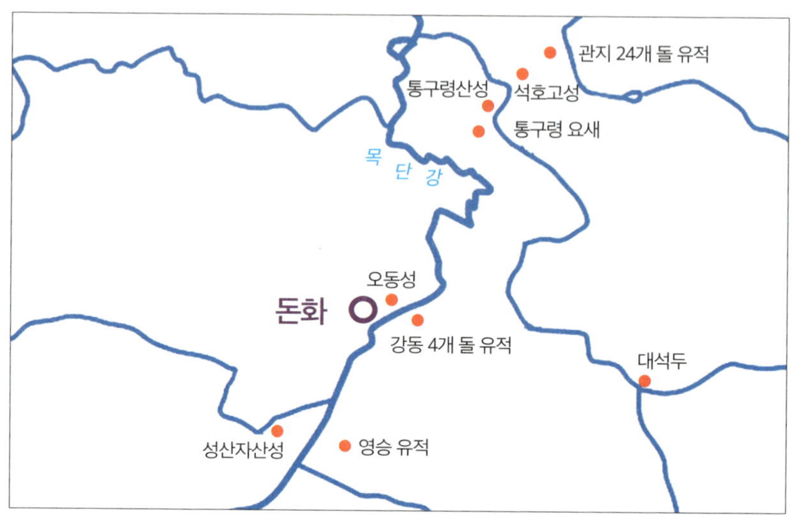

구국 주변 발해 유적

부여성으로 되었다. 발해 시기에는 부여부가 있었고, 5도 가운데 하나인 거란도의 중요 경유지였다. 한편 동북 지방의 동쪽 전업 농경 한계선은 대략 두만강 하구 부근, 북쪽 한계선은 하얼빈 부근이다. 발해의 수도였던 곳 가운데 각각 훈춘에 있던 동경, 영안시에 있던 상경의 위치와 부합한다.

발해는 수도로 구국, 중경, 상경, 동경과 같이 네 곳의 도성을 이용했다. 먼저 구국은 5경에서 제외되지만, 첫 수도였다는 데에서 의미가 있다. 구국 일대에는 오동성敖東城 혹은 영승永勝 유적을 중심으로 남서쪽에 성산자산성城山子山城 등이 있고, 돈화시 북쪽에는 석호고성石浩古城을 비롯해 통구령산성通溝嶺山城 등이 분포한다. 돈화 지역 주변의 방어 시설은 서쪽 지역에 비해 동북쪽 지역에 집중되어 있다. 이것은 건국 이후, 서북쪽보다는 동북쪽으로부터의 위협이

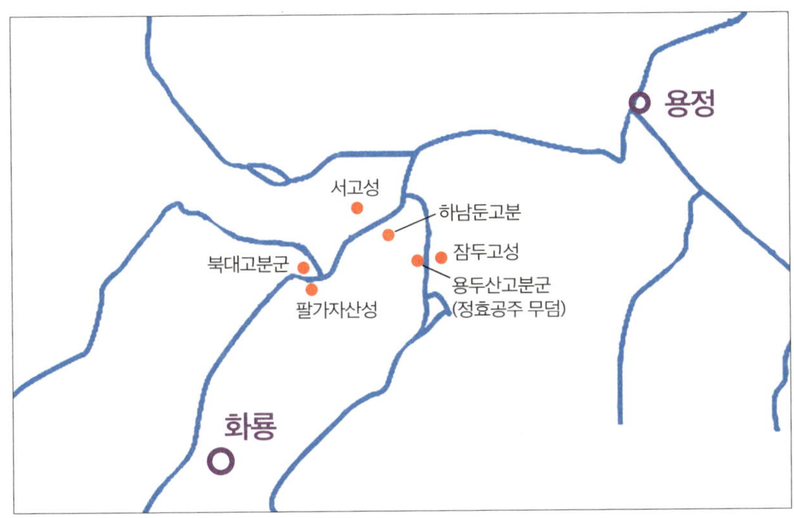

중경 주변 발해 유적

상당했다는 의미가 되고, 그 위협의 대상은 바로 말갈(특히 흑수말갈)이었을 것으로 보인다.

발해의 두 번째 수도였던 중경은 오늘날의 중국 지린성 화룡시和龍市의 서고성으로 비정된다. 서고성은 화룡시의 비옥한 두도구평야頭道溝平野의 서쪽 약 10킬로미터에 위치한다. 성의 남쪽에는 두만강의 지류인 해란강이 서북쪽에서 동남 방향으로 흐르고, 성은 해란강의 좌우에 펼쳐진 평강평야의 서북쪽에 있다.

중경 시기에 평지성인 서고성과 세트가 되는 산성은 남쪽의 팔가자산성八家子山城이고, 무덤군은 서쪽의 북대고분군北大古墳群과 동남쪽의 용두산고분군龍頭山古墳群이 있다. 용두산고분군 동쪽에 있는 잠두고성도 주목된다. 바로 이들 유적이 중경현덕부의 도성 체제를 이루고 있었을 것이다. 서고성과 정효공주 무덤과의 거리는 6.5킬로미터이고, 하남둔고분과 서고성의 거리는 4킬로미터이다.

수도가 중경에서 상경으로 옮겨 왔던 시기는 문왕 대흥大興 19년인 755년경이었다. 이후 30년 정도 지난 대흥 48년인 785년경에 동경으로 옮겼다가 성왕 대인 794년경 마지막으로 다시 옮겨와 망할 때까지 수도였던 곳이 상경이다. 중경에서 천도해 30년가량 되었고, 동경으로 갔다가 돌아와 132년가량 수도가 되었으니 전체적으로는 상경은 160년 넘게 수도 역할을 했다고 할 수 있다.

발해 도성 중에서 가장 오랫동안 수도였던 상경용천부는 오늘날 헤이룽장성 영안시寧安市 발해진渤海鎭에 있다. 주위가 수백 리 되는 평탄한 분지의 한복판에 자리 잡은 도성은 북동 남벽 약 1~3킬로미터 밖의 경박호鏡泊湖에서 흘러내리는 목단강이 감돌아 흐르고 있으며, 고구려식으로 축성했던 것으로 판단된다.

상경성과 관련된 주변 유적으로는 산성, 평지성, 성새, 장성, 봉화대 등의 시설이 배치되어 있다. 상경성 주변의 평지성으로는 동외자고성東巖子古城, 우장고성牛場古城, 토성자고성土城子古城, 강변원성江邊園城(괴만자성)이 있고, 산성으로는 남서쪽 목단강 강가의 성자후산성城子后山城, 중순하산성中脣河山城이 있고, 더 남서쪽으로는 성장립자산성城牆砬子山城이 있다. 그리고 무덤으로는 목단강 건너 서쪽에 홍준어장묘군虹鱒魚場墓群과 대주둔고분군大朱屯古墳群이 있고, 북쪽에 삼령둔고분三靈屯古墳이 있다. 이 유적들이 상경성과 직간접적으로 연관을 맺고 있는 넓은 의미에서의 상경의 도성 체제에 포함될 수 있을 것이다. 발해 산성이나 요새의 분포로 미루어, 발해의 주요 방

목단강변장
목단강시
영안
강동장성
동외자고성
삼령둔고분
홍준어장묘군
우장고성
대주둔고분군
발해진
성자후산성
목단강
괴만자성
토성자고성
중순하산성
경박호
성장립자산성
경박호장성

상경 주변 발해 유적

어 방향이 동북과 서남이었으며, 동북 방향으로는 주로 흑수말갈을 방어하고 서남쪽으로는 당의 군대와 후에 강해진 거란의 방어목적도 있었을 것이다. 아울러 주목되는 유적이 목단강변장牧丹江邊墻이다. 이것은 발해 시기 흑수말갈의 남침을 방어하기 위해 변경을 따라서 축조한 방어 시설일 가능성이 크다.

동경은 문왕 대흥 48년인 785년경 상경에서 옮긴 후 다시 성왕대인 794년경에 마지막으로 상경으로 갈 때까지 9년 정도 수도였던 곳이다. 그 위치는 지린성 훈춘시의 팔련성이다. 팔련성은 훈춘하 충적 평야 지대의 서쪽 끝 지점으로 훈춘시성에서 서쪽으로약 7.5킬로미터 떨어진 삼가자향三家子鄕에 소속되어 있으며, 이 성의 서쪽 3.5킬로미터 지점에는 두만강이 북쪽에서 남쪽으로 흐르고 있다. 이곳의 지세는 평탄하고 주위에는 여러 산이 둘러싸고있으며, 동남쪽으로 동해에 맞닿아 있어 신라 및 일본과의 해상교통에 적합한 지역이었다.

팔련성 주변의 산성으로는 훈춘하琿春河 상류 쪽인 북서쪽 도문부근에 정암산성享岩山城이 있고, 동북쪽에 살기성이 있고, 동북쪽으로 더 가서 농평산성과 도원동남산성이 있다. 또한 훈춘평원의북부 25킬로미터 정도 거리에 축조된 장성도 동경용원부의 방위를 고려해 축조된 것으로 짐작된다. 이 장성의 동쪽 끝에는 거대한살기성이 있다. 그런데 팔련성 주변의 방위 시설은 주로 동북쪽의 훈춘하를 따라 배치되어 있다. 즉, 이쪽이 팔련성에 대한 위협지역이라는 의미가 될 것이며, 그 대상은 말갈일 것이다. 동경용

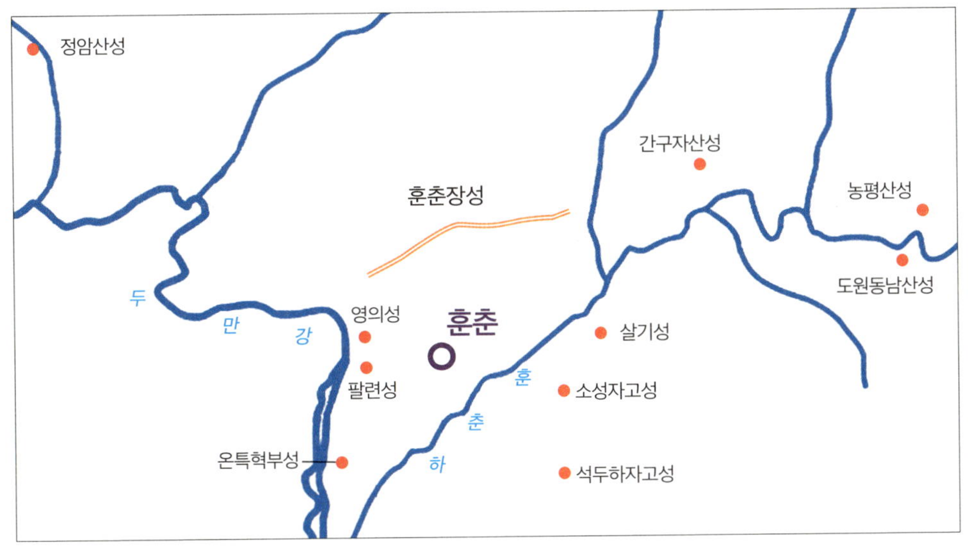

동경 주변 발해 유적

원부는 북의 동녕東寧에서 수분하綏芬河 연안의 우스리스크, 다시 흥개호 남부 등, 현재의 러시아 연해주 지방으로의 진출을 의도하고 이루어진 것이라는 지적도 있다.

이상을 통해 발해의 도성의 입지 조건으로는 수륙교통이 편리하고 농경에 적합한 하곡 평지나 분지 등이 선택되었다는 것을 알 수 있다. 아울러 고려해야 할 것은 농업·유목 접경선의 남쪽에 접한 농경 지대에 있었다는 점이다. 이는 구국, 중경, 상경, 동경 네 곳의 도성 방어 체제가 당, 말갈(흑수말갈)이나 거란을 주로 고려했다는 점에서도 알 수 있다. 즉, 농경 지역에 대한 통치 기능과 유목 지역에 대한 외교적 정치 기능을 수행하기 위한 곳이 선택되었다.

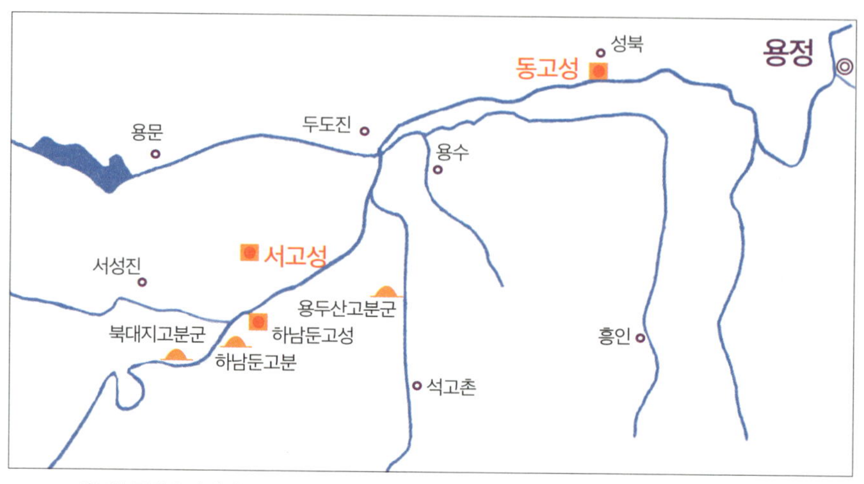

서고성 주변 유적 배치도

서부 네트워크의 허브, 중경

앞서 살펴본 발해에서 당으로는 가는 길인 압록도와 영주도의 육로 구간에서 중경은 중요한 경유지나 기점이었다. 중경의 소재지인 서고성은 원래 화룡현 서성진 고성촌에 속했으나, 1993년 화룡이 시市로 바뀌고, 2003년 3월에 성남촌·전진촌·고성촌이 성남촌으로 합쳐져 성남촌으로 되었다. 성의 명칭은 방위에서 나온 것이다. 서고성터에서 동쪽으로 약 15킬로미터 떨어진 곳에 있는 화룡시 동성진에는 서고성터와 동서 방향으로 대응하는 요금 시기의 성터가 있다. 이에 근거해 두 성터는 각기 동고성터와 서고성터로 불린다.

서고성은 일찍이 농경지로 개간되었고, 일부 성벽은 향로鄕路와

서고성자 궁전지 전경(위), 서고성 평면 항공 사진(아래)

차로로 변했으며, 성 안에도 여러 채의 민가가 지어졌다. 고성은 장방형으로 방향은 약 170도이며, 흙으로 판축(板築, 돌을 판판하게 깔고 그 위에 흙을 얇은 층 모양으로 다져서 쌓아 올리는 방법)해서 쌓았다. 성 전체는 당 도성인 장안성의 형식을 모방했으나, 규모는 비교적 작은 편이다.

서고성은 외성과 내성으로 구성되어 있다. 장방형의 외성은 진흙으로 판축했다. 남북 길이 720미터, 동서 너비 약 630미터로, 둘레 길이는 2,700미터에 달한다. 성벽의 기저부 너비는 13~17미터, 윗부분의 너비는 1.5~4미터이고, 잔고는 일반적으로 1.5~2.5미터인데, 개별적으로는 높이가 4.5미터에 달하는 곳도 있다. 북쪽 성벽, 남쪽 성벽과 일부 동쪽 성벽은 장기간의 취토取土로 여러 곳에 구멍과 함몰된 구덩이 형태의 단벽 등이 만들어졌다. 외성의 문지로 인정할 만한 곳은 두 곳으로, 각각 남쪽과 북쪽 성벽의 중간에 있다. 남문지의 너비는 15미터, 북문지의 너비는 14미터이다.

내성은 외성의 중간에서 북쪽으로 치우친 곳에 있으며 역시 장방형이다. 남북 길이는 약 370미터, 동서 너비는 약 190미터로, 둘레 길이는 1,000미터이다. 그 북쪽 성벽과 외성 북쪽 성벽은 평행하며 서로 70미터 떨어져 있다. 내성의 성벽은 매우 심하게 파괴되어 거의 찾을 만한 흔적이 없다.

『간도성 고적 조사 보고』에 따르면, 내성의 중부와 북부에 모두 다섯 개의 궁전지가 있다고 한다. 분포 상황은 제1·2·5 궁전지는 내성에서 남북으로 중축선상에 있고, 남쪽에서 북쪽으로 순차적

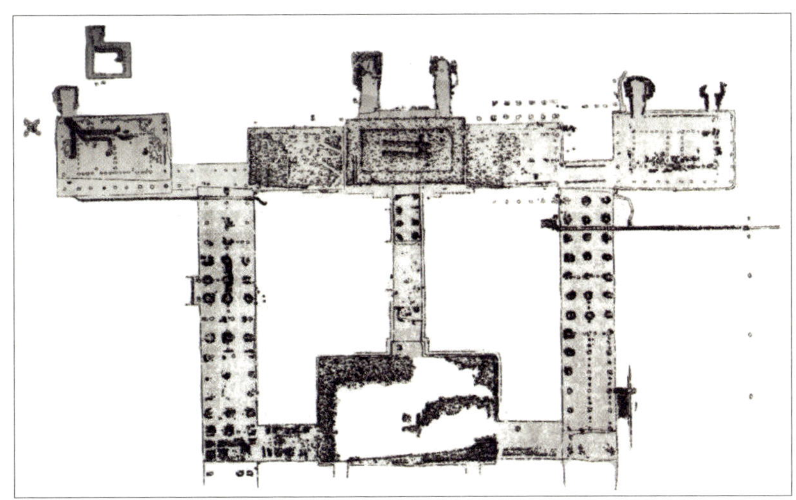

서고성 궁전 배치도

으로 일렬로 배열되어 있다. 제1 궁전지와 제2 궁전지는 거의 36미터 떨어져 있고, 제2 궁전지와 제5 궁전지는 약 80미터 떨어져 있다. 각 궁전지 사이는 회랑으로 이어져 있는데, 회랑의 너비는 약 4미터에 달한다. 제2 궁전지와 제5 궁전지 사이에 동서향의 성벽이 있으며, 그 중간에 구멍이 있는데, 너비는 약 10미터로 문지로 추정된다. 제3·4 궁전지는 각각 제2 궁전지의 동쪽과 서쪽에 축조되어 있다. 제1 궁전지는 내성의 중간에서 남쪽으로 치우친 높은 대지에 있는데, 지면에서 약 0.6미터 높으며, 면적은 300평방미터에 달하고, 윗부분에는 많은 회색 기와와 녹유와 잔편 그리고 다양한 형태의 건축 재료가 흩어져 있다. 이 궁전지는 1930년대부터 그 중요성이 알려져 있었지만, 실질적인 조사는 2001년에 와서야 이루어졌다. 반면 제2·3·4·5 궁전지는 모두 1922~1945년 사이에 일본인에 의해 도굴되었다.

2000~2002년에 서고성이 발굴 조사되었다. 주목되는 것은 외성 남쪽의 성문이 서고성의 외부로 나가는 주요 통로가 아니라는 것이 확인되었다. 이에 따르면 성문과 성벽이 문돈門墩을 감싸며 연결되어 있고, 문돈 벽체 표층은 백회가 발라져 있다고 한다. 성벽은 토축을 했는데, 성벽 가로 단면의 판축 특징을 통해 볼 때 가로로 향한 성벽은 좌우 두 번에 걸쳐 판축으로 이뤄졌고, 벽체 바깥은 쐐기형 판축을 이용해 벽체를 견고히 해서 무너지는 것을 막았다고 한다. 성벽의 이러한 축조 방식은 비교적 독특한 것이다.

내성 남부의 정중앙에 있는 1호 궁전 지구의 발굴을 통해서 1호 궁전지는 가로로 긴 장방형으로 동서 길이 41미터, 남북 폭 22.5미터의 판축과 강자갈을 서로 중첩해 조성한 기단 위에 만들어졌음을 확인했다. 이 궁전에는 3문이 있는데, 기단 북쪽 중앙에 북쪽으로 한 개의 문이 있고, 기단 남쪽의 동서 양쪽 가까이에 각각 남쪽으로 향한 문이 있다고 한다. 이전에 이루어진 지표 조사와 항공 촬영에 근거해 연구자들은 1호 궁전지 동·서 양측의 건축을 낭무廊廡 성격의 부속 건축이라고 이해했으나, 이번 발굴의 결과 기둥 사이에 벽체가 있음을 확인해, 건축은 곁채 상방廂房 성격에 가까운 것으로 추정하게 되었다.

서고성은 발해 시기 도성의 특징을 보인다. 서고성은 내성과 외성으로 구분되며, 내성은 외성의 중간에서 북쪽으로 치우친 곳에 있다. 내성 안에는 궁전지가 있는데, 북쪽에 있으면서 남쪽을 마주하고 있으며, 세 개의 궁전지는 성의 남북 중축선상에 배열되어 있다. 그 형식은 발해의 상경, 동경과 대체로 비슷하다.

서고성 부근에서 발견된 여러 기의 귀족 무덤은 서고성에 왕족과 기타 상층 귀족이 거주하고 있었음을 설명한다. 예를 들면, 서고성에서 남쪽으로 4킬로미터 떨어진 하남둔고분군河南屯墓群에서는 귀중한 금·은기 등이 출토되었는데, 무덤의 주인은 아마도 서고성에서 거주했을 것으로 생각된다. 또한 용수향龍水鄉 용해촌龍海村 서산에서 발견된 정효공주 무덤은 서고성이 발해 도성 중에서 중요한 위치를 차지했다는 유력한 증거이다.

문왕이 발해의 건국지인 '구국'에서 중경현덕부로 천도한 것은 이 지역의 철을 비롯한 자원 개발에 관심을 가졌기 때문으로 보인다. 또한 중경현덕부는 두도평원과 연길의 조양천평원 모두 관개에 편리해서 농업 발전에 적합한 지역이기도 했다. 뿐만 아니라 일본, 신라와의 외교 교섭을 펼치는 데도 보완이 되는 곳이었다. 이러한 입지와 위상 때문에 중경현덕부는 상경용천부와 더불어 발해의 중심 수도로서 기능했다.

상경으로 천도한 이유

상경성은 가장 오랫동안 사용된 발해 도성으로, 당시에는 '홀한성忽汗城'이라 불렀다. 926년 발해 멸망 이후 폐허가 되었다가, 청나라 초기부터 유배를 온 사람들에 의해 다시 주목받기 시작했다. 이

때 동경성東京城으로 불리게 되었고, 일제의 발굴 보고서에도 같은 이름의 제목으로 실렸다. 그러다 동경용원부와의 혼동 문제로 지금은 상경성으로 고쳐 부르고 있다.

발해 상경성은 비교적 광활한 평지에 있으며 중간에 세 개의 낮은 언덕이 있다. 궁성이 위치한 곳은 언덕의 북부에 해당하는 곳으로 상경성의 남쪽과 동쪽은 비교적 평지에 해당한다. 동시에 북쪽과 서쪽은 목단강이 흐르고 있어 자연 지형에 의한 방어가 가능하게 되어 있다.

성은 외성, 궁성, 황성으로 구성되어 있다. 외성의 평면은 동서로 긴 직사각형이면서 북쪽이 튀어나온 凸자형을 이루는데, 전체 길이가 16,285미터이다. 궁성은 북쪽 가운데 직사각형의 형태로 전체 길이는 3,986미터이다. 황성은 궁성 남쪽에 도로 하나를 사이에 두고 있으며, 전체 길이가 2,996미터이다. 상경성은 전체 외

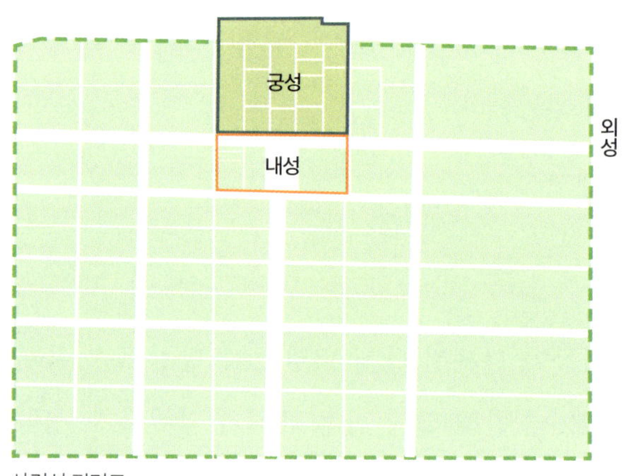

상경성 평면도

상경성 궁성 표지석, 상경성 궁성 남문, 상경성 외성 성벽, 상경성 외성 표지석(왼쪽 위에서 시계 방향)

곽성을 두르고 도성은 크게 동, 서, 중심의 세 부분으로 구분할 수 있다. 황성과 궁성이 도성의 북쪽에 치우쳐 있다. 도성 안에는 세 개의 남북대로와 두 개의 동서대로가 있어 중심축 선상의 주작대로를 중심으로 격자형의 방리제가 적용되었다.

문왕이 756년 초에 상경으로 천도를 한 이유는 다음과 같은 의도에서였다. 그는 기존 고구려계 중심 지역과 말갈계 중심 지역의 경계 지역에 상경을 건설해 발해 중심 천하관을 구현하고자 했다. 무왕 대는 고구려 계승을 구호로 내세우면서 일부 말갈 부족을 귀속시키는 데 성공했다. 문왕은 이에 만족하지 않고, 상경 천도를 통해 옛 고구려 영역 밖에 있던 북부 말갈 제족의 정복, 즉 북진 정책을 꾀하기 위해 상경 천도를 단행했다. 아울러 문왕은 이렇게 늘어난 영토의 효율적인 통치를 위한 소프트웨어의 필요성 때문에 당에 사절단을 파견했고, 그것은 상경 천도 시기와 맞물려 중앙과 지방 제도의 정비·완비로 귀결되었다. 나아가 발해는 5도를 통해 대당·일본 외교를 추진하면서 한편으로 주변의 말갈 부족을 포섭했다. 그것은 또한 말갈 부족의 자율적인 대외 통교를 발해 왕권이 독점하는 과정이었다. 발해가 신라에 비해 지방 세력(해상 세력)과 민간 무역업자에 의한 사무역 관련 사료가 별로 보이지 않는 것도 이 때문이라고 생각된다. 즉, 발해의 재지 세력가였던 말갈족 수령들이 740년대에 발해 왕권에 의해 흡수되어, 당이나 일본 사절단에 관리들과 같이 파견되었기 때문이다. 결국 상경 천도를 통해 문왕은 지배 체제 구축, 무역 체계 구축을 이루었고, 이는 발해의 전성기를 이끄는 토대가 되었다.

동아시아 최대의 무역항 등주

등주의 발자취

등주는 지금의 산둥반도 동북단에 있는 옌타이烟台와 웨이하이威海 두 도시의 대부분 지역에 해당한다. 등주는 요동 및 한반도와 지리적으로 가까워 일찍부터 한중 해상교통의 중요한 거점이었다. 특히 당대의 등주는 청주靑州·내주萊州와 더불어 동북 지역 해상교통의 중심이었다.

청주는 수나라가 설치한 대운하가 바다로 나가는 하구에 해당하는 곳에 있었다. 이러한 지리적 조건 때문에 청주는 당 초기 산둥 지역의 행정 중심이기도 했다. 당 고조는 621년 이곳에 총관부總管府를 설치해 산둥반도에 있는 8주를 담당하게 했다. 태종 시기 총관부를 폐지해 각 주가 독자적인 행정을 수행하게 했지만, 현종 시기에 이르러서도 청주는 여전히 이 지역 행정적 중심 역할을 담당했다. 현종 시기에 설치된 치청절도사부淄靑節度使府가 청주에 자리

당나라 시기 산둥반도 동북단에 있던 등주, 내주, 청주

하고 있었기 때문이다. 그런 까닭으로 청주에는 신라관新羅館과 발해관渤海館이 설치되어, 신라와 발해의 사신 영접과 무역에 관련한 제반 업무를 처리했다. 안사의 난 이후 고구려계 유민 출신인 이정기李正己·이납李納·이사고李師古·이사도李師道로 이어지는 이씨 일가가 신라와 해상교통이 편리한 산둥반도 전역을 장악해, 3대 55년간(765~819년) 치외 법권적으로 번진 세력으로 당내의 소왕국으로 군림했다. '육운해운압신라발해양번사陸運海運押新羅渤海兩蕃等使'라는 직함을 가진 이정기 일가의 치청번진과 발해 사이에는 호시라는 형태의 무역이 성행하게 된다.

한편 내주는 당이 고구려 원정을 위해 개발한 항구이다. 반면 등주는 청주와 내주에 비해 늦게 개발이 이루어졌다. 등주는 당 고조 무덕연간(618~626년)에 설치되었다. 처음 설치될 당시 등주는

중국 청주박물관 전경과 이정기를 소개한 안내 글

모평현牟平縣·문등현文登縣·황현黃縣 등 세 개 현으로 이뤄진 주였다. 이후 중종 신룡 3년(707년)에 황현을 나눠 봉래현蓬萊縣을 신설하게 되자, 등주는 네 개의 현으로 이뤄지게 되었다. 이때 모평현에 있던 주치州治도 봉래현으로 옮겼다.

등주의 가장 서쪽에 있던 황현은 현재도 다롄과 연결된 정기 여객선이 드나들 정도로 수심이 깊어 대형 선박이 왕래하기 편했다. 황현의 동쪽에 있던 봉래현은 그 명칭이 봉래고성蓬萊古城에서 유래했는데, 봉래고성은 한 무제가 순행하면서 이곳에 들러 축성을 명하여 세워졌다고 한다. 봉래는 묘도군도를 따라 요동과 한반도에 진출하기 쉬웠기 때문에 고구려와의 전쟁으로 군사 활동이 왕성했던 태종 시기 이 지역에 해상 거점이 다수 설치되었다. 고구려와 전쟁이 종결되어 군사 활동이 뜸해지면서, 대형 상선들이 자주

등주성 밖에서 본 등주성 전경(위), 등주성 안에서 본 전경(아래)

이용하게 되었다. 9세기에 이르면 등주는 신라와 발해 등 각지에서 상인들이 모여들어 활동하고 있었던 산둥 지역 최대 해안 상업 도시로 성장했고, 주치가 있던 봉래고성은 등주의 중심 역할을 담당했다. 등주의 치소는 성 안에 있었고, 성 외부에 외국인 거주지와 시장이 형성되었다. 성의 남쪽 거리에는 동쪽으로 신라관과 발해관이 있었고, 서쪽에는 시장이 형성되어 있었다.

봉래현의 서쪽은 모평현(지금의 유산시乳山市)이다. 모평현은 산둥

적산 법화원 전경

반도가 남쪽으로 꺾여 내려가는 지역에 있고, 현의 동남 지역이 황해와 잇닿아 있다. 해안을 따라 항구가 발달해, 9세기에는 신라로 직항하는 배들이 출항하기도 했다.

마지막으로 등주의 가장 동쪽에는 문등현(지금의 영성시榮成市)이 있다. 문등현은 산둥반도 동북단에 있었기 때문에 해상교통의 요지로서 조건을 갖추고 있었다. 문등현의 대표적인 항구로 성산成山과 적산赤山을 들 수 있다. 성산은 문등현의 가장 동쪽에 있으며, 진시황이 해상석교海上石橋를 세웠다는 전설이 전해진다. 성산은 한반도와 가장 가까운 중국의 항구라 할 수 있다. 또한 산둥반도의 남과 북을 나누는 분기점으로, 외부로 나가는 선박이 임시로 정박하거나 악천후를 피하는 중간 기착지의 역할을 담당했다. 산둥반도 남부에서 올라온 선박이 하루 정도 정박했다가 발해나 신라, 일본 등지로 나가거나, 북쪽에서 온 배들이 이곳에서 쉬고 남부 지역으로 내려가기도 했다. 그 때문에 발해나 신라에서 온 상인들이 자주 이용했다.

적산은 적산촌赤山村 해변의 천연 항구이다. 적산은 장보고의 해상 활동과 관련해서 유명하며, 일본 구법승 엔닌은 이곳에 장보고가 세운 법화원이 있었다고 했다. 법화원은 자체적으로 토지를 소유하고 있었으며, 다수의 신라 승려들이 불경을 강의했으며, 재당 신라인 사회의 중심 역할을 했다.

압록도의 등주와 장안 구간

　압록도를 통해 등주에 도착한 발해 사절은 당의 수도인 장안에 어떻게 갔을까?

　당대에는 장안을 중심으로 일곱 개의 주요 간선도로가 퍼져 있었다. 그중의 하나가 장안에서 등주를 잇는 육로이다. 이 길은 등주-내주-청주-치주淄州-제주齊州-운주鄆州-복주濮州-활주滑州-변주汴州에 이르러 초주楚州·명주明州·양주揚州 등 강회江淮 지역에서 올라오는 수로, 육로와 만난다. 변주에서 다시 정주鄭州-낙양洛陽-협주陝州-화주華州를 거쳐 장안에 이른다. 그 구체적인 노정은 『통전通典』 및

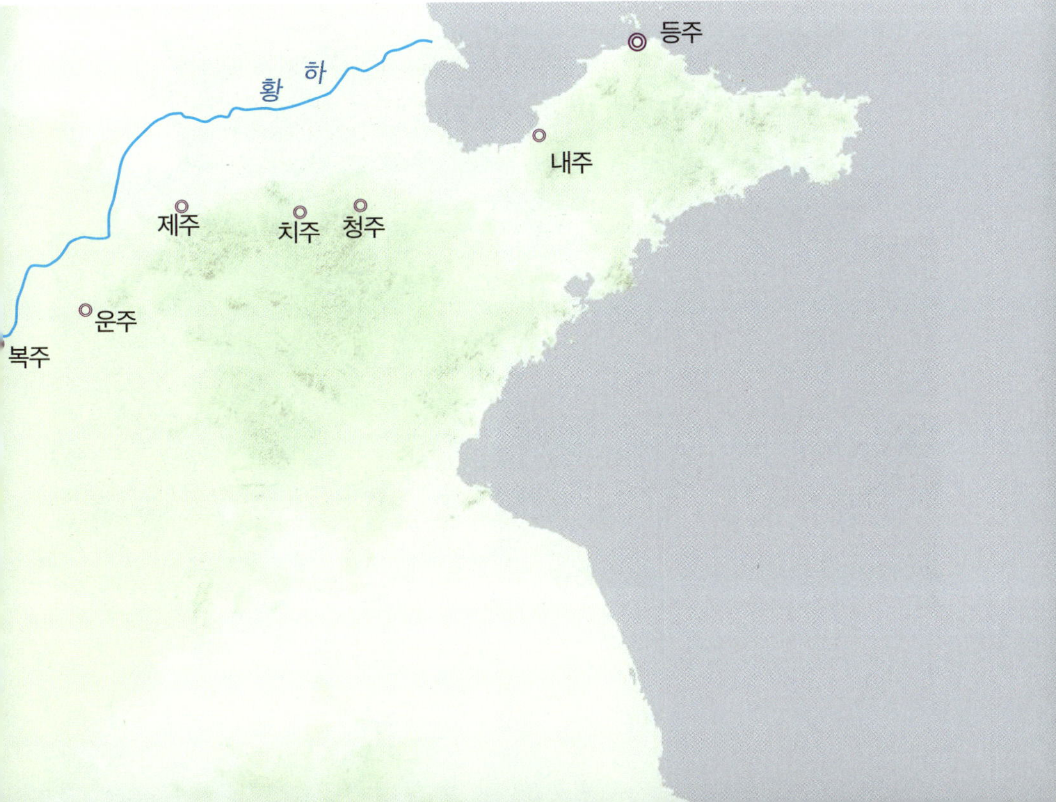

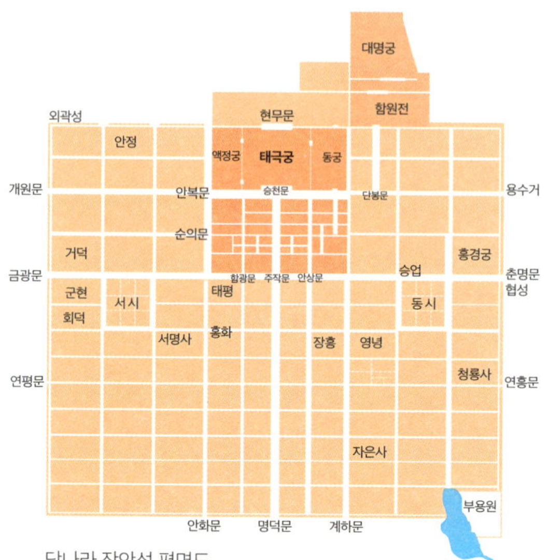

당나라 장안성 평면도

당나라 흥경궁도興京宮圖

당나라 장안의 장락문

당 후반기 지리서인『원화군현도지元和郡縣圖志』와『구당서』지리지,
북송 시기 지리서인『태평환우기太平寰宇記』등을 통해 살필 수가
있다.

발해 사신들도 반드시 당의 교통 노선을 이용해야 했고, 숙박과
이동을 위해 당에서 설치한 관역館驛을 이용해야만 했을 것이다. 당
의 역驛은 전국에 1,639개소를 두었으며 매 30리마다 설치되어 있
었다. 이 외에 사원도 발해 사절의 숙소로 이용되었을 가능성이
크다. 당나라의 사원은 승려들의 수도처와 불사 및 객승들의 일시
적인 체류처로써 뿐만 아니라 일반 여행객들의 휴식과 숙박 공간
으로 널리 이용되었다. 신라 승려와 견당사들도 중국을 여행하는
동안 사원을 그들의 숙박지로 이용했다. 청주 용흥사龍興寺와 치주
장산현長山縣의 예천사醴泉寺에 있었다는 신라원新羅院이 이를 말해 준
다. 두 신라원은 모두 등주와 장안을 잇는 간선도로 상에 있었다.
이를 통해 봤을 때 발해 사절도 신라원을 숙소로 이용했을 가능성
이 크다고 할 수 있다.

발해 사신이 이동했을 것으로 추정되는 등주에서 장안까지의
노선은 '등주-내주-청주-치주-제주-운주-복주-활주-변주-정
주-낙양-협주-화주-장안'으로 보인다.

이 노선의 거리는 등주에서 낙양까지 2,140리, 낙양에서 장안까
지 800리로 총 2,940리가 된다. 당대의 육로 이동은 말을 타고 이
동할 때 1일 70리, 나귀나 보행으로 이동할 때 1일 50리, 수레를 끌
고 갈 때 1일 30리를 이동한다고 한다. 이에 따르면 발해 사신이

말을 타고 이동했을 때는 42일, 나귀를 타거나 보행하면 약 59일,
수레를 끌고 갈 때 98일이 소요된다.

등주의 발해 상인

앞서 언급한 발해관을 통해 활약한 발해의 상인으로는 이연효李
延孝, 이영각李英覺, 이광현李光玄 등을 들 수 있다.

일본 헤이안시대 승려인 엔친圓珍이 쓴 '태주공험청장台州公驗請狀'
에 '발해상주渤海商主'라고 기록된 이연효는 850년대부터 870년대에
걸쳐 적어도 8회 당과 일본 사이를 왕래했다. 즉, 853년 7월에 왕초
王超와 함께 엔친을 태우고 당으로 향했다는 기록이 처음이고, 877
년에 일본으로 귀국하던 구법승 엔사이圓載와 당인唐人 첨경전詹景
全 등을 태우고 가던 중에 조난한 것이 마지막이다. 그는 발해·당·
일본을 연결하는 해상을 종횡으로 활동한 국제 상인이었다. 또한
'태주공험청장'에 이연효와 함께 기록된 이영각도 똑같이 일본이
나 강남뿐만이 아니라 남방의 광주廣州까지 활동 범위를 넓혔다.

이외에도 당과 일본 사이의 해상에서 활약한 이광현도 주목된
다. 그의 행적은 『도장道藏』이라는 도교 관련 서적에 수록된 『금액
환단백문결金液還丹百問訣』·『해객론海客論』·『금액환단내편金液還丹內篇』 등
에 실려 있다. 이에 의하면 발해인 이광현은 어려서 고아가 되었
고, 재산이 거만巨萬에 달했지만 구도求道를 위해 20세에 고향을 떠
난다. 그는 고향을 떠나 산둥반도와 일본 사이를 왕래하며 무역하

는 마을 사람의 배를 타고 다니면서 진인眞人이나 달사達士를 찾다가 실패하고, 24세경 고향으로 가기 위해 바다를 건너던 배 안에서 백 세가 넘은 도인을 만나 비법을 전수받는다. 도인은 신라와 발해를 유람하기 위해 배에서 내리고, 광현은 발해로 귀향해 수련하다가, 바다를 건너 운도雲島로 가 이곳에서 10여 년 수련해 해객海客의 칭호를 듣는다. 그 후 다시 고대 방사方士가 정련해 만든 단액丹液의 일종인 금액金液을 구하기 위해 섬을 나서 태악泰嶽에 이른 뒤, 국내외를 유랑한 지 20여 년 만인 기유년 8월 3일 숭고산嵩高山의 한 절에서 현수 선생玄壽先生을 만나 비법을 전수받고, 그 후 자신의 구도 과정과 그 내용을 한 권의 책으로 완성했다고 한다. 이 내용은 일부 설화적인 요소가 있지만, 당시 해상 무역의 번성과 이에 참여한 발해인이 있었음을 반영하고 있다.

최흔이 석각을 남긴 이유

황금산 위치

압록도를 이용한 교류의 구체적인 증거가 뤼순에 남아 있는데, 바로 홍려정 석각鴻臚井 石刻이 그것이다. 이 석각은 원래 중국 요령성 여순구旅順口 황금산黃金山 기슭에 있던 것이다. 러일전쟁으로 일본군이 이곳에 진주하면서 1911년 전리품으로 일본 궁중의 진천부振天府로 옮겨 갔고, 지금은 건안부建安府 앞뜰에 보존되어 있다.

비문에는 '칙지절선로말갈사勅持節宣勞靺鞨使 홍려경최흔정량구영위鴻卿崔忻井兩口永爲 기험개원이년오월십팔일記驗開元二年五月十八日'이라고 기록되어 있다. 당시의 역사적 사건을 배경으로 설명하면, '칙지절선로말갈사 홍려경'이라는 직함을 가진 당나라의 관리 최흔이 713년 발해국에 사신으로 갔다가, 그 이듬해인 개원 2년(714년)에 귀국하던 중 오늘날 뤼순의 황금산 기슭에 두 개의 우물을 파고, 이것을 기념하기 위해 비석을 세웠다는 내용이다.

돈화시 발해광장에 있는 최흔의 동상

홍려정鴻臚井 석비 (홍려정은 압록정과 같은 의미)

돈화시 발해광장

뤼순박물관

글을 새긴 최흔은 713년 2월에 현종의 명을 받들고 발해로 가서 대조영을 책봉했고, 이를 계기로 발해와 당의 공식적인 외교 관계가 수립되었다. 이 석각이 랴오둥반도의 끝인 뤼순에서 발견됨으로써, 압록도를 통해 최흔이 발해와 당을 왕래했음을 확인할 수 있다. 또한 이는 732년 무왕이 등주를 기습 공격할 수 있었던 배경이 되었던 것과도 연결해 볼 수가 있다. 따라서 이 석각은 발해가 초기부터 요동 지역을 확보하고 있었음을 보여 준다는 데도 의미가 있다.

뤼순박물관에는 최흔의 출장 일정을 보여 주는 안내판을 전시하고 있다. 아울러 뤼순에는 안중근 의사가 순국한 뤼순 감옥도 있다.

참고로 발해의 건국지인 지린성 돈화시에는 최흔의 동상이 전시되고 있다. 중국은 발해 유적 정비 사업의 하나로 발해 건국지인 돈화 시내 중심가에 '발해광장'을 설치했다. 돈화시 발해광장은 2008년 돈화시 중심 지역에 조성되었으며, 그중 가장 눈에 띄는 곳은 역사 부조 구역인데 발해 역대 왕의 초상을 부조로 표현해 놓았다. 이 발해 왕들의 부조 뒤편에 최흔의 동상이 서 있다. 이는 당나라가 발해의 건국자인 대조영을 책봉하고 이후 발해가 당나라에 조공을 바치고 있는 사실을 부각하기 위한 조형물이라 생각된다. 특히, 동상의 위치가 15대 발해 왕들의 부조 뒤 중앙에 위치해 발해 왕 전체를 총괄하는 인상을 주고 있다.

2장

거란·서역으로 가는 길
- 북부 네트워크

거란도의 노선과 여정

『신당서』 발해전에는 상경을 중심으로 해서 각 방면에 이르는 교통로를 설명하고 있는데, 그 가운데 부여부扶餘府는 거란으로 가는 길이라고 했다. 요나라 태조가 발해를 공격할 때 먼저 부여성을 함락시킨 뒤 홀한성忽汗城(상경성)을 공격한 것이라든가, 부여부에는 항상 날랜 병사를 주둔시켜 거란을 방비했다는『신당서』의 기록들은 발해와 거란의 교통로인 거란도에는 반드시 부여부를 거쳐야 함을 나타낸 것이다. 그 구체적인 경로는, 상경에서 나중에 상경임황부臨潢府로 이름을 바꾼 요의 도읍이 있었던 지금의 파림좌기 임동진까지 이어졌다.

상경에서 부여부까지

상경에서 부여부까지의 노선은 현재 길림시까지만 확인이 가능하다. 연도에는 목단강 유역의 발해 유적 이외에 망우하 상류의 칠도하촌七道河村과 상의尙義에서 발해 건축지와 당 대의 해수포도문동경海獸葡萄紋銅鏡이 발견되었고, 교하 상류에서 발견된 전진고성前進古城도 일부 연구자는 발해 때 만들어졌다고 보기도 한다.

이 성은 이중 구조와 요·금 시기 성의 특징이라 할 수 있는 옹성·치·각루 등의 시설이 확인되어 1985년 조사 때에는 요금 대로 편년되었다. 그러나 고성이 길림에서 돈화로 가기 위해 반드시 거쳐야 하는 장광재령 정상에 있다는 점, 서북쪽으로부터 발해 구국과 상경으로 들어오는 적대 세력을 차단하는 전략적 요충지에 있다는 점, 성에 설치된 방어 시설이 거란이 있던 서쪽에 배치된 점, 성안에서 발견된 우물·주거지가 다른 발해 산성에서 확인된 특징과 유사하다는 점 등을 고려하면, 발해 시기에 만들어진 것으로 생각된다. 따라서 거란도의 해당 노선은, 상경성 → 목단강 → 돈화 주이다하朱爾多河 → 전진고성 → 칠도하자 → 전진촌前進村 → 교하시 상의 → 천강天崗 → 강밀봉江密峰 → 동단산 남성자로 볼 수 있다.

부여부에서 임황까지

거란도는 상경에서 부여부까지 이어지는 교통로로, 요나라가 발해를 칠 때 부여성을 먼저 공격했고, 이어서 상경성까지 진격할 때 바로 거란도를 이용했다. 여기서 문제가 되는 것은 부여부의 위치 문제이다. 『신당서』에는 '부여의 옛 땅'에 둔 부여부라고 나오는데, 이를 부여의 후기 왕성으로 보는 것이 일반적이다. 부여

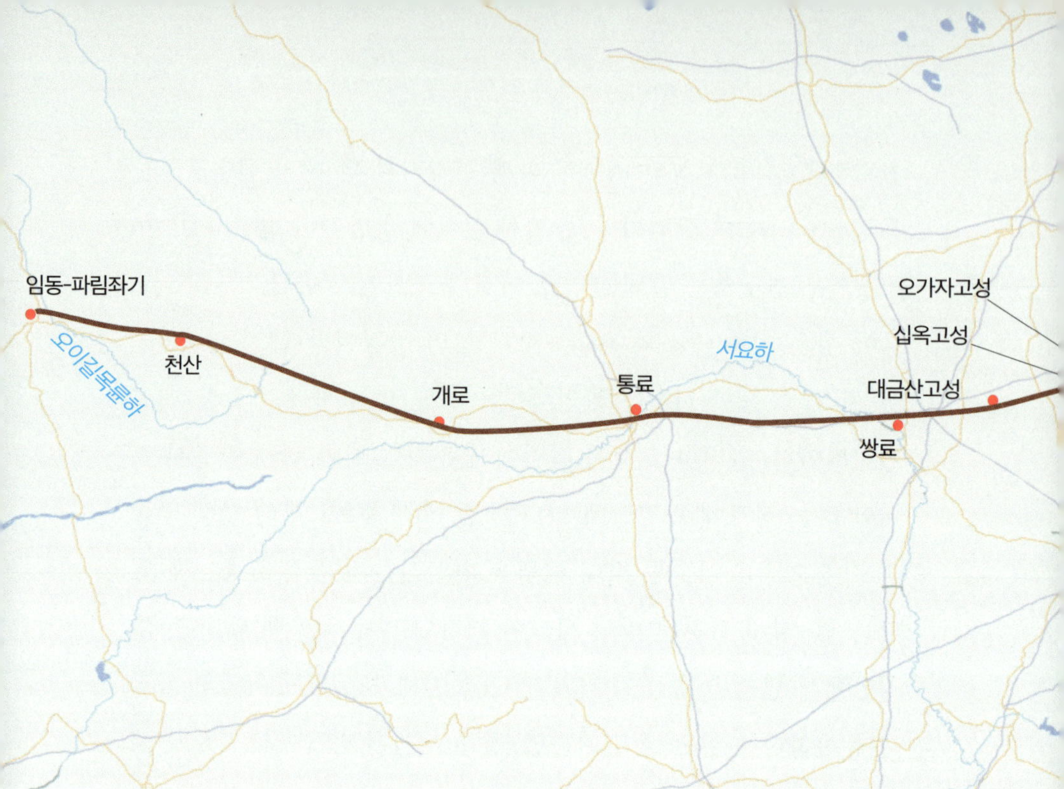

거란도의 노선

의 후기 왕성에 대해서는 농안, 창도현 사면성, 사평 일면성, 서풍 성자산산성, 유하 나통산성, 요원 용수산산성 설 등이 있다. 이 가운데 농안고성, 사면성, 일면성은 요금대의 평지성으로 발해와의 관련성이 없다. 나통산성은 방향이 맞지 않으며, 용수산산성은 부여의 후기 왕성에 가장 적합한 곳이지만 야율아보기의 진군로와 맞지 않는다. 이런 문제점에 대한 대안으로 최근에는 『신당서』의 '부여의 옛 땅'을 부여의 전기 왕성인 용담산산성으로 본다. 이를 따르면 다음과 같은 노선이 설정된다.

용담산산성 → 동요하 중상류 진가둔고성 → 오가자고성 → 십
옥고성 → 대금산고성 → 서요하(동마납심고성 → 통료 → 개로) → 천
산 → 오이길목륜하 → 요 임동

담비의 길

담비의 길Sable Road은 러시아 학자 샤프쿠노프(1930~2001년)가 1985
년에 발해와 여진의 유적들에서 발견되는 소그드-이란 계통의 유
물들을 검토하면서 제기한 발해와 중앙아시아 지역 간의 교역 교
통로이다. 그는 서기 1세기부터 중국에서 인기를 누렸던 '읍루초挹
婁貂(읍루산 담비)'가 7~10세기에도 여전히 수요가 대단했고, 중앙아
시아와 이란의 상인들이 중국을 통하지 않고 직접 만주와 아무르,
연해주 지역의 종족들에게서 담비 모피를 사들이려 하면서 북방
지역으로 새로운 교역로인 담비의 길이 형성되었다고 보았다. 이
를 바탕으로 위구르에서 활동했던 소그드 상인들이 이웃하는 실
위(室韋, 6~10세기까지 중국 동북부 지역에 존재했던 목축·수렵·유목민)와 더
동쪽의 발해에서 담비 모피를 구매했을 가능성이 매우 컸으며, 담
비의 길의 구체적인 노선을 규명하기도 했다. 샤프쿠노프는 담비
의 길이 14세기 말 몽골제국의 붕괴로 인해 기능이 정지되었다고
보았다. 그러나 14세기부터 19세기 후반까지 지속되었다고 보아

서 14세기 이전은 '전기 세이블 로드Sable Road'로, 14~19세기는 '후기 세이블 로드'로 구분해야 한다는 주장도 있다.

일반적으로 유라시아 교류의 상징은 비단길Silk Road인데, 이 비단길의 주인공이 소그드인이었다. 소그드인들이 비단길의 중심이 된 것은 6세기에 몽골 지방에서 튀르크계의 돌궐이 흥기해서 이 지역의 판도가 바뀌었기 때문이다. 돌궐은 군사적 정복을 하고 소그드인들은 경제적 이익을 챙기는 식으로 양자가 협업했다. 6~8세기 소그드 상인의 교역망은 둘로 나눠지는데, 하나는 중국의 사치품 교역로이고, 다른 하나는 돌궐이 지배하는 스텝 지역과의 교역로이다. 소그드인이 누리던 상업상의 우월한 지위는 8세기를 지나면서 쇠락해 갔다. 여기에는 '안사의 난'에 의한 소그드 상인들의 상업 기반 붕괴와 이슬람의 팽창이 영향을 끼쳤다.

이슬람 제국의 등장은 새로운 교통로와 새로운 무역로를 만들어 냈다. 북쪽의 스텝과 삼림 지대로 통하는 '모피의 길'이 만들어진 것은 7~8세기의 대규모 정복 이후 수백 년 동안 재산이 급격하게 증가한 직접적인 결과였다. 스텝 지역에서 한 해에 50만 장의 모피가 수출되었을 것이라고 한다. 이러한 모피 무역의 최대 수혜 도시는 메르브(지금의 투르크메니스탄 바이람 아리 부근에 있던 곳으로, 실크 로드의 남쪽 길과 북쪽 길이 톈산산맥의 서쪽에서 만나는 오아시스 도시이다)였다.

담비는 어디서 생산되었는가?

현재 모피를 생산하는 주요 동물로는 밍크, 여우, 카라쿨(Karakul, 양의 한 품종), 토끼, 흰담비, 스라소니 등이 있다. 이러한 모피는 세계 각지에서 생산되나, 주산지는 시베리아·북아메리카·북유럽·북극 등의 한랭 지방이다. 일반적으로 모피는 한랭 지방에서 생산될수록 품질이 좋고 가격도 비싸며, 수생 동물이 육상 동물보다 내구성이 크다.

담비 모피는 발해 이전부터 동북 지역에서 무역품으로 유명했다. 1~3세기에 담비 모피를 생산하거나 혹은 중원 국가에 제공한 사실이 확인되는 세력은 세 집단이 있었다. 첫째, 오환·선비 등 동북방 유목 세력, 둘째, 읍루(挹婁, 숙신의 후예이자 말갈의 전신으로 여진계 민족)로 대변되는 동북방 삼림 수렵 세력, 그리고, 정주 세력으로서 부여와 고구려, 요동의 공손씨 세력이었다.

부여의 경우 읍루에서 나오는 특산물 가운데 붉은 옥과 담비가 겹친다는 점, 담비는 '읍루 담비'가 중원에서 유명했다는 점, 그리고 부여 지역의 위치가 수렵을 통한 대량의 담비 가죽을 얻기가 어려웠다는 점을 봤을 때, 부여는 읍루의 특산물인 담비 가죽을 중개해 중원에 수출했을 것으로 보인다. 고구려와 공손씨도 담비 가죽을 조공품으로 활용한 사실이 확인된다.

담비 가죽은 모피 가운데 대표적인 물품으로, 유목·수렵 사회에서 수집되었고, 가공 내지 유통 단계를 거쳐서 농경 사회의 사치품으로 소비되었다고 한다. 아울러 모피를 주로 획득한 장소나 생산한 장소가 한대 지역의 오지라는 특성상, 모피를 획득하고, 가공하고, 유통하고, 소비하는 장소는 모두 서로 다른 별도의 공간이며, 각 장소들은 상대적으로 원거리일 수밖에 없었다. 이로 보아 부여와 고구려가 중원왕조와 교역했던 담비 가죽도 유목·수렵 사회로부터 획득된 다음, 가공이나 유통의 단계를 거쳤을 가능성이 크다.

이후 발해가 중국과 일본에 수출한 모피 가운데 공통된 것은 담비 가죽이었다. 담비는 족제비과의 포유류이다. 35~60센티미터 길이로, 12~37센티미터의 꼬리가 있고, 전신은 광택이 있는 부드러운 털로 덮여 있다. 담비는 모피동물 가운데 가장 귀하다. 북방 유라시아의 삼림 지대를 주된 분포 지역으로 하는 검은담비 모피는 특히 상질이다. 이 작은 모피동물로 향한 갈망이 러시아제국의 동방 팽창의 요인이 되었고, 아시아에서도 청나라 왕조의 건국에 이르는 만주족의 성장을 이루었으며, 아울러 산단교역(山丹交易, 근세 일본에서 산단山丹인이라 불리던 흑룡강 하류의 주민과 사할린 아이누 사이의 교역)의 배경이 되기도 했다. 또한 현재에도 옛소련 연방의 여러 나라에서 국가 경제를 지탱하는 재원이 되고 있다.

그렇다면 발해에서 당이나 일본에 보낸 물품 가운데 담비 가죽은 어느 지방의 것일까? 앞서 읍루산 담비가 중원 지역에 널리 알려져 있음을 말했다. 옛 읍루는 발해 시기에 정리부와 안변부로 편제되었다. 또한, 719년에 당에 독자적으로 조공했던 불열말갈은,

흑룡강
흑룡강
송화강
회원부
철리부
동평부
안원부
막힐부
거란
안변부
송화강
상경용천부
부여부
솔빈부
구국
정리부
중경현덕부
동경용원부
당
장령부
두
만
강
신성
서경압록부
요하
영주
요양성
압록강
남경남해부
대동강
신라

발해의 영역

발해 동평부로 편제되었다. 한편 발해 선왕 대에 발해 영역으로
편제된 흑수말갈 지역도 담비 가죽의 산지였다.

담비 가죽은 발해 이후에도 계속 생산되었다. 청나라 시기에 검
은담비는 북경의 궁정에서 사용된 가장 대표적인 모피로, 담비 가
죽이라고 하면 보통 검은담비를 가리켰다. 그러나 거기에도 등급
이 있었다. 17세기 말에 양빈楊賓이 쓴 『유변기략柳邊紀略』에 의하면,
자흑색으로 털이 빽빽하고 가지런한 것이 최상이고, 자흑색으로
털이 빽빽한 것이 그다음, 자흑색으로 털이 가지런한 것이 그다
음, 황색이 그다음, 흰색이 최하등급이라고 한다. 또한 실제 거래
에서는 꼬리의 유무도 문제가 되어, 꼬리가 없는 것은 팔 수 없다
고 했다. 상질로 유명한 것에 '색륜초索倫貂'와 '읍루초挹婁貂'가 있는
데, 그 이름으로 보아 전자가 아무르의 비교적 상류 지역 산물이
고, 후자는 송화강이나 아무르 하류 지역 산물일 것으로 보인다.
여기서 색륜은 다한얼족達翰爾族·어원커족鄂溫克族·어룬춘족鄂倫春族 등
중국의 소수민족을 통틀어 가리키는 말이다. 이들은 명나라 말에
서 청나라 초에 서부의 석륵객하石勒喀河와 외흥안령 산기슭에서부
터 동부 흑룡강의 북쪽 연안 지류인 정기리강精奇里江 일대에 걸쳐
거주했다. 색륜은 흑수말갈의 후신으로 담비를 잡는 것을 생업으
로 했다고 한다.

9월 27일 계절은 이미 가을로 접어들어, 조선인들은 검은담비 사냥
을 준비하기 시작했다. 우리는 오두막 근처의 물가에서 검은담비를 사

냥할 때 쓰는 모스트(다리)라는 덫을 보았다. 조선인들은 강가에 쓰러져 있는 나무를 이용해서 그런 덫을 만들었다. 짐승이 문을 통과하는 순간 닫히도록 설계되어 있는 덫은 결국 짐승을 그 안에 가둔 채 물속으로 떨어지게 되어 있다. 그래서 짐승은 그 안에서 굶어 죽거나 익사하게 된다. 조선인들이 만든 덫은 무엇보다도 항상 정확하게 작동하며, 단순히 검은담비를 잡을 뿐만 아니라 물에 빠뜨리기 때문에 시일이 지나도 비싼 털가죽을 완벽하게 보존할 수 있다. 게다가 사냥한 담비를 새나 다른 맹수들에게 빼앗길 염려도 없다. 이 덫에는 검은담비뿐 아니라 다람쥐나 뇌조 같은 새들도 자주 걸려들었다.

이 기록은 러시아 극동 탐험가인 블라디미르 클라우디에비치 아르세니에프가 1923년에 지은 저서인 『데르수 우잘라』의 내용으로, 그가 1907년경에 연해주 지방을 탐사했을 때의 기록이다. 주인공 데르수 우잘라는 당시 아르세니에프 일행의 길 안내를 맡은 나나이족(흑수말갈)의 후신이었다. 이는 연해주 지역에 이주해 살던 조선인들이 고가에 거래되던 검은담비를 사냥하는 모습을 생생하게 보여 주고 있다.

담비는 얼마나 인기가 있었을까?

먼저 당나라의 사례를 들어 보자. 고대 중국에 모피를 어깨에 걸치는 것은 특별한 위엄의 표시이자 천자의 특권이었다. 당나라에 조공으로 바친 고급 담비와 선발된 족제비는 만주나 시베리아 지방이 원산지이고, 무엇보다 화북의 고귀한 귀족들이 쓰는 모자를 아름답게 장식해 주었다. 당나라는 군용으로 담비, 검은담비, 북방 족제비 등 작은 가죽옷을 대량으로 수입했고, 그중 가죽과 마구를 정기적으로 가죽 장인에게 보급했다. 이는 변경의 기병대 장비를 보충하는 데 사용하기 위해서였다.

한편 발해 사절단이 일본에 가져간 물품 가운데 가장 많았던 것은 담비 가죽을 비롯한 각종 모피였다. 그것도 당시 일본에서는 값이 매우 비싼 담비, 호랑이, 말, 곰 등의 모피를 대량으로 가져와 일본 지배층의 눈을 놀라게 했다.

발해 사절단은 모두 서른네 차례 일본을 방문했는데, 방문할 때마다 대량의 모피를 가지고 갔다. 이렇게 발해 사절이 아무리 많은 모피를 가져와도 바로 동나고 말았다. 몇 년에 한 번씩 사절단이 배에 싣고 오는 모피의 양은 당연히 한도가 있어서 일본 상류층의 수요를 다 충족시킬 수는 없었다. 따라서 구하기 어려운 모피는 일종의 신분을 상징하는 요소가 되었고, 그렇기에 귀족들이 갈망했음을 상상하기는 어렵지 않다.

모피를 둘러싼 패션 경쟁을 말해 주는 에피소드를 발해 사절단이 일본을 방문했던 919년의 자료에서 볼 수 있다. 이듬해 5월 12일에 열린 연회석에 사절단의 대표인 대사 배구裴璆는 가죽옷을 입고 참석했는데, 일본 왕은 검은담비 가죽옷 여덟 벌을 겹쳐 입고 참석해 배구를 비롯한 발해 사절단을 놀라게 했다는 일화가 있다.

이 일화가 일어난 5월 12일은 양력 6월 7일에 해당하므로 무더운 계절이었는데, 더위를 참고 가죽옷을 입고 배구를 놀라게 할 만큼 일본 지배층 사이에는 우스울 정도의 모피 패션 경쟁이 벌어졌음을 단적으로 알려 주는 이야기이다. 물론 일본 조정에서는 과도한 모피 경쟁을 방지하기 위해서 '모피 금지령'을 내리기도 했다.

신라는 삼국을 통일한 후 태평성세를 누리며 문화가 성숙했지만, 도덕이 해이해지고 복식 제도도 상하존비의 구별이 없이 사치에 흐르고 예의에 벗어나는 등 문란해졌다. 그래서 왕은 834년(흥덕왕 9)에 골품 제도의 신분 계급을 유지하고 사치를 금하기 위해 복식에 대한 금령을 내린다. 신라의 금제를 통해 볼 때, 신발인 리履와 화靴는 모두 가죽 제품으로 보인다. 리는 4두품에는 소가죽을 허용하고 있으나 다른 골품에는 종류를 알 수 없는 가죽의 사용만을 허락하고 있다. 화는 진골 대등에도 자색 가죽을 금하고 있어 자색 가죽이 고급품이었음을 짐작할 수 있다. 아울러 6두품 이하에게도 주름진 검은 사슴 가죽과 자색 가죽을 금하고 있어 신라에서 자주색 가죽을 귀하게 여겼음을 알 수 있다. 그러나 신발에 가죽을 쓰는 것은 귀족에만 허용되고 평민은 신발 재료로 단지 마를 써야 했다. 또한 수레와 말에 관한 금제로 6두품·4두품에 호랑이 가죽을 금했다. 이를 통해 호랑이 가죽은 진골 대등 이상만 사용할 수 있는 귀중품임을 알 수 있다. 이를 통해 모피의 가공 기술도 발달했음을 추측할 수 있다.

이상에서 살펴보았듯이 당, 일본, 신라 등에서 모피의 사용은 신분에 따라 엄격히 규제되고 있었음을 알 수 있다. 옷은 신분에 의한 사회적 지위를 판별하는 기준이었다. 아키라 시모야마下山晃가 "유행은 인간의 의식에 따라 가장 중요한 주제인 '나는 누구인가'와 '유희한다'를 표상한다."라고 했듯이, 옷은 사람이 자신을 확인하기 위한 첫째의 지표였다. 모피는 신분을 구분하고, 신분을 상징했다. 아울러 모피는 설탕이나 담배·면화 같은 농업 플랜테이션 작물 중 세계 시장에서 일찌감치 팔렸던 상품이었으며, 노예제 시스템이나 강제 공납 시스템과 연계되어 근대 식민지 개척을 낳은 가장 주요한 '세계 상품'이었다. 이점을 고려하면 발해산 모피 역시 '세계 상품'으로서 선구적인 의미가 있다고 할 수 있다.

담비의 길의 노정

샤프쿠노프는 담비길의 구체적인 노선에 대해서 '세미레치예 → 알타이 → 서몽골 → 셀렝가강 유역 → 오르혼강 상류 → 톨라강 상류 지역 → 헤를렌강과 오논강 상류 지역 → 쉴까강과 아르군강 → 아무르강 → 아무르강 지류들을 따라 동북아시아의 깊숙한 곳들까지로 파악했다. 또한 아무르강과 연해주에는 담비길의 한 갈래가 크라스키노성을 지나 일본도와 신라도로 이어지고, 다른 한 갈래는 북쪽으로 오호츠크해의 캄차카까지 연결된 것으로 파악했다.

세미레치예는 카자흐스탄의 알마티주와 위구르인들이 거주하

샤프쿠노프의 '담비의 길'

는 신장 위구르 자치구에 있는 일리강 유역 및 그 지역을 말한다. 일리강은 카자흐스탄어이며, 중국어로는 '이리伊犁'로 불린다. 강의 유역은 '일곱 개의 강'이란 뜻의 제티수로 불리며, 이를 러시아어로 옮긴 표현이 세미레치예이다. 이곳은 소그드 상인의 주요 거점지였으며, 샤프쿠노프는 소그드나 중앙아시아 관련 유적이나 유물을 토대로 노선을 추정했다. '발해 5도'는 중국 사서에 나오는 것

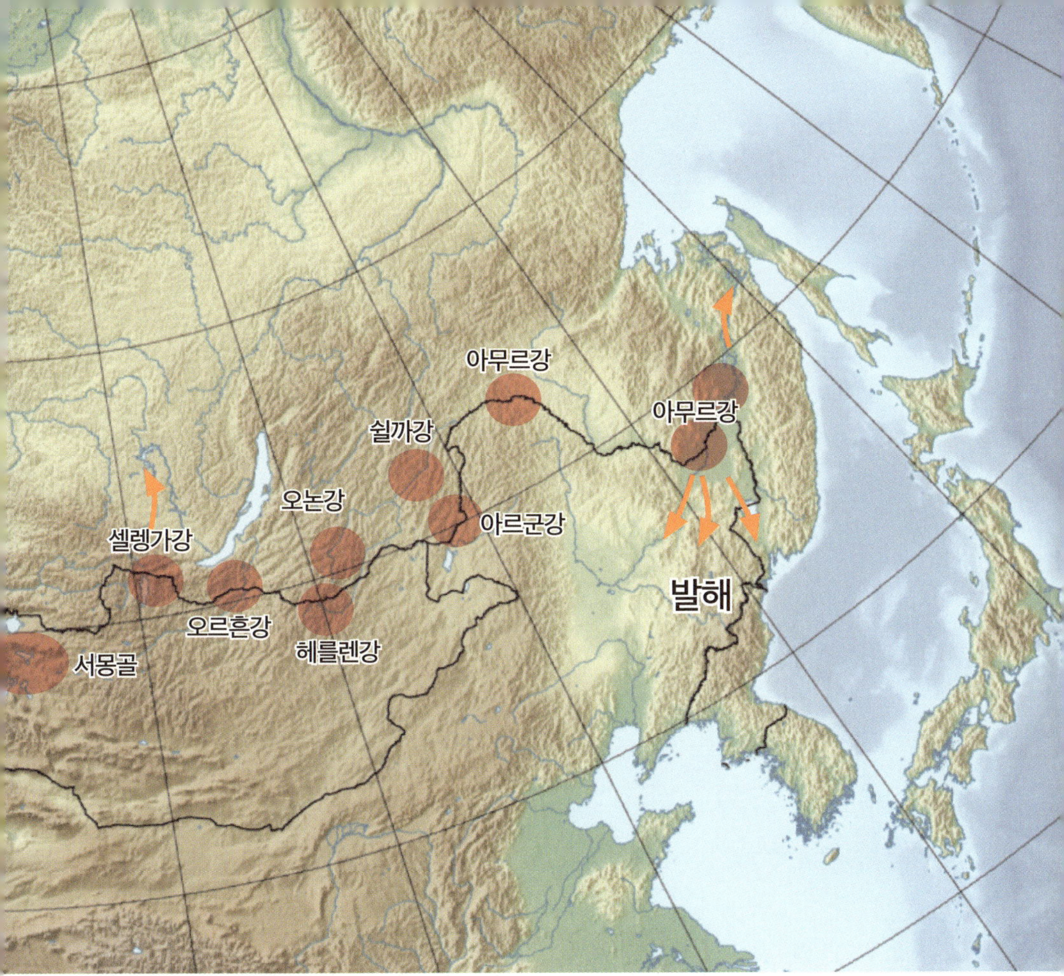

이고, 담비의 길은 중국 사서에는 나오지 않지만, 발해 이전부터 있었던 초원을 통한 동서 교역로로 보인다. 발해는 5도와 담비의 길을 통해 동유라시아 지역에 모피를 수출했다.

소그드인의 자취를 찾아

　　소그드인은 이란 인종에 속하는 중앙아시아 고대 민족으로, 중국 사서에는 소무昭武9성九姓, 9성호九姓胡, 잡종호雜種胡, 속특호粟特胡 등으로 불린다. 원래는 아무다리야강과 시르다리야강 사이의 제라프샨강 유역 즉, 소그디아나 지역에서 생활했는데, 주요 범위는 지금의 우즈베키스탄이다. 비옥한 오아시스 지대의 교통 요충지

에서 활동한 소그드인들은 역사적으로 주변 국가들의 치하에서 각기 다른 문화를 체험하면서 동서 교역에 종사했다.

고대에는 아케메네스조 페르시아의 한 속주로 있다가 알렉산드로스 대왕 군대에 정복되었다. 헬레니즘시대에는 동남방에 있는 박트리아의 영역에 편입되었으며, 이어 대월지와 쿠샨과 사산조 페르시아의 지배를 차례로 받았다. 5세기에는 유목민인 에프탈에게 강점되었다가 6세기에는 돌궐에 복속되었다. 8세기부터는 이슬람 문화의 세례를 받아 이슬람화되면서 연이어 사만조(875~999년)와 카라한조(840~1212년)의 지배를 받았다. 그 후 칭기즈 칸의 서쪽 정벌로 인해 거의 황폐해졌으나, 1370년에 티무르가 사마르칸트를 수도로 제국을 건립하면서 다시 번영하기 시작했다.

소그드인들은 실크 로드 육로의 요지에서 교역 활동을 지속해 동서 문명 교류에 상당히 이바지했다. 특히 그들은 중국과의 교역을 활발하게 벌였다. 소그드인들의 동방 교역에서 특징은 중앙아시아로부터 중국 경내에 이르기까지 여러 곳에 식민 거점을 건설해 교역에 활용한 점이다. 소그드인의 국제성은 펜지켄트 벽화에서 드러나는데, 현재 상트페테르부르크의 예르미타주 박

펜지켄트 벽화(러시아 예르미타주 박물관)

물관에 전시되어 있다. 주요 내용은 소그디아나와 투르크계 엘리트들과 외국 상인 집단으로 구성된 펜지켄트 사회의 국제성이 엿보인다.

소그드인과 발해인의 만남

소그드인은 고대 소그디아나 대부분이 포함되어 있던 강거(康居, 우즈베키스탄과 카자흐스탄 남부 인근에 세워진 고대 국가 이름)로부터 한 글자를 얻어 강康을 성姓으로 했다. 북위부터 당의 시대에 중국에 거주한 소그드인은 고유의 성을 가졌는데, 강康 외에 안安, 하何, 조曹, 석石, 미米, 사史와 같은 성이 있었다. 이들 성은 엄밀하게 사마르칸트 출신 소그드인(강), 똑같이 부하라 지역(안), 제라프샨강의 북쪽(조), 챠치(석), 제라프샨강 남동쪽(미), 카슈카·다리아 유역(사) 출신의 소그드인으로 특정된다.

수당 시기 소그드인이 이주한 중국 내 지역으로는 각 왕조의 도읍, 튀르크나 감숙甘肅의 경계에 있는 북서부, 황하 유역의 비옥한 지대이자 중국 경제력의 중심인 북동부, 아울러 주연부周緣部인 사천四川을 들 수 있다. 대운하의 종점이자 남부에서 가장 풍요로운 양주揚州처럼 남부 여러 곳의 큰 마을도 소그드인을 받아들였다. 전체적으로 보면 소그드 상인의 공동체를 받아들인 곳은 중국 북부이다. 8세기 이후 남쪽에서 해로로 들어온 페르시아인이 증가해 중국 남부의 연안부 전역에 공동체를 만들었다.

이렇게 소그드인은 동쪽으로 사주沙州, 이주伊州, 서주西州, 정주定州, 과주瓜州, 숙주肅州, 감주甘州, 양주涼州, 장안長安, 낙양洛陽, 상주相州, 위주魏州, 유주幽州를 거쳐 영주에 이르렀는데, 각 지역에 거주지가 있었다. 영주는 중국에서 소그드 이민이 이루어진 최북방의 거주지였고, 당시 영주의 유성柳城은 소그드인 스스로 본관으로 인정하는 곳이었다.

당나라는 변경의 군사 지대에 외국 상인의 공동체를 이주시키는 정책을 일관되게 추진했다. 특히 영주는 그런 사례의 대표적이며, 중국 북동의 국경 지대인 평로平盧의 주요한 방위 거점이었다. 717년에 영주가 재건되었을 때, 정부가 영주에 소그드 상인을 거주시켰음이 『구당서』에 명기되어 있다. 이렇게 당나라는 상업 능력이 뛰어난 인재를 발해와의 국경 지역 같은 주변부에서도 활용해 소그드인은 차츰 중국 북부의 도시 경제에서 중요한 구성 요소가 되었다.

이러한 소그드 공동체의 장을 맡은 사람을 살보薩寶라고 불렀다. 살보는 북위 시기부터 있었을 것으로 보이는데, 소그드어 단어의 음사音寫이다. 소그드에서 살타바하sarthavaha는, 카라반 리더, 즉 카라반을 인솔해 안전하게 이끄는 인물을 의미한다. 이러한 살보는 공동체의 정치적·행정적 수장으로 관리 명단에 포함되었다. 그러나 큰 마을이라 해도 겨우 200호로 구성된 공동체에 고급 관리의 직계를 지닌 대표자가 있는 것은 극히 이례적이다. 이런 우대 조치는 구성원의 숫자에 상관없이 공동체의 경제력이 컸음을 증명

소그드인 도용陶俑(섬서성 박물관)

한다.

　앞서 영주의 발자취를 설명하면서 고구려 성방의 존재를 언급했다. 이렇게 발해 건국 세력의 전신인 고구려 유민이 다수 거주하던 곳에, 소그드인 공동체도 있었다. 따라서 발해인과 소그드인의 교류도 충분히 생각해 볼 수 있다.

발해의 소그드 네트워크 활용

　755년 11월에 '안사의 난'이 일어났다. 안녹산은 평로平盧(지금의 차오양)~범양范陽(지금의 베이징)~하동河東(지금의 산시성 타이위안)의 세

절도사를 겸하면서, 당으로 침입해 오던 거란이나 해(奚, 6세기 후반에서 12세기 초반까지 중국 동부 몽골과 중앙아시아 지역에 살았던 종족)의 정벌에 공이 있었다. 안녹산은 당시 재상으로서 권세를 누리던 양국충楊國忠을 배제할 것을 구실로 거병해 낙양·장안을 점령했다. 현종은 사천四川으로 피신했고, 숙종에게 양위했다. 이 사이 평로유후사平盧留後事였던 서귀도徐歸道는 장원한張元澗을 발해에 파견해 원군을 요청했지만, 발해는 서귀도가 안녹산과 내통하고 있다고 의심해 원군을 파견하지 않았다. 게다가 758년 안동도호安東都護 왕현지王玄志는 장군 왕진의王進義를 발해에 파견해 안녹산의 진압을 명하는 숙종의 칙서를 가져왔다. 그러나 발해는 당에 직접적으로 군사를 지원하지 않았다. 또한 당은 762년 문왕에게 '발해국왕渤海國王'과 '검교태위檢校太尉'를 내려 줬다. 이것은 당이 발해의 지원을 기대하는 조치로 보인다. 따라서 발해는 당 정부와 안녹산 반란군 사이에서 중립을 지키고 있었을 것으로 보인다.

원래 소그드와 돌궐의 피를 가진 안녹산은, 그들과 밀접한 관계를 맺어 유목민의 군사력과 소그드 네트워크를 통해 실크 로드 교역 등에 의한 경제력을 손에 넣었고 그것이 난의 원동력이 되었다. 안녹산의 근거지인 유주는 당시 근교를 포함해 40만에 가까운 인구를 포함하는 대도시였는데, 20퍼센트에 해당하는 거란·해·말갈·돌궐 등의 비한족 거주민 병사와, 다수의 소그드 상인이 거주하고 있었다. 이는 10세기에 중앙 유라시아에 일제히 등장하는 유라시아형 국가(이른바 정복 왕조)의 앞선 형태로 볼 수 있다. 유라시아형 국가는 그때까지 농경하며 정주했던 지역을 약탈하면서 정복과 실패를 반복했던 유목민이, 적은 인원으로 그들 지역을 안정적으로 지배하는 조직적 노하우를 체득하게 되었고, 문자문화도 취득해 지배 시스템을 구축한 국가를 말한다. 국가가 성립한 기초에는 유목민의 군사력과 실크 로드 교역에 의한 재산 축적이 있었다고 한다. 안녹산이 일으킨 대연大燕은 유라시아형 국가 요소를 충분히 가지고 있었지만, 위구르의 협력을 얻지 못해 멸망하게 된다. 이러한 안사의 난을 '조기早期 정복 왕조'로 보는 견해도 있다.

이러한 안녹산의 경제 네트워크는 중국의 서쪽을 더 주목해서 보고 있다. 그러나 안녹산은 발해를 관할하는 압번사押蕃使였기 때문에 그 직무로 보아 그가 발해와 빈번하게 통교했음은 상상하기가 어렵지 않으나 유감스럽게도 구체적인 사료가 남아 있지 않다. 다만 일본에 파견된 발해 사절 가운데 사史나 안安이라는 소그드 성姓을 사용한 사람이 있다거나, 러시아 연해 지방에 중앙아시아계 유물이 출토된 점으로 보아 소그드인의 콜로니(colony, 원래 살던 곳을 떠나 새로운 곳으로 이주해 건설한 사회)가 있었다고 상정하는 등 발해에도 소그드인이 있었고 그 네트워크가 발해에까지 미쳤다고 보기도 한다. 이 소그드 콜로니가 상정된 지역은, 발해의 중요 교역품인 말의 산지인 솔빈부이다. 안녹산 세력의 성장을 고려할 때, 발해와의 관계도 시야에 넣을 필요가 있다.

안사의 난이 끝난 뒤에, 당으로 귀순한 안녹산·사사명에 봉사했던 장군들에게는 절도사가 수여되고 하북을 중심으로 배치되었는데, 이회선李懷仙의 유주幽州·노룡盧龍, 전승사田承嗣의 위박魏博, 뒤에 이보신李寶臣으로 개명한 장충지張忠志의 성덕成德, 이렇게 세 절도사는 하삭河朔 3진三鎭이라 불려 반독립 체제를 유지했다. 이 번진의 역대 절도사는 소그드계 돌궐이나 해·거란의 피를 받은 사람들이고, 하북 지역은 북방계 제족과 한족이 공존하는 다종족적 상황에 있었다. 또한 그 통치 노하우는 거란이나 오대五代의 사타沙陀 정권(후당後唐·후진後晉·후한後漢)이라는 유라시아형 국가로 계승되었다.

하삭 3진에서 최초로 큰 힘을 가졌던 사람이 해족奚族 출신으로 안녹산의 양자였던 이보신이다. 그는 하북 중부河北中部에 거대한 세력을 구축해 의제적擬制的 혈연 관계를 이용해 안녹산의 후계자로서 하북·산동 여러 번진의 상징적 존재가 되었고, 그들과 혼인 관계를 맺어 번진 연합을 형성했다. 그것은 안녹산이 세운 대연大燕의 부활인 듯했지만, 이보신이 죽자 당의 개입으로 이 번진 연합은 붕괴한다.

이보신과 발해의 관계 및 중앙아시아와 발해의 관계를 보여 주는 자료로, 둔황 출토 '페리오 티베트어 문서 1283번'이 있다. 이 문서의 작성 시기는 일반적으로 8세기 후반에서 9세기 전반으로 본다. 이 문서에 의하면, 당시 돌궐·위구르 등 터키계 주민인 Drug인이 고구려를 Mug-lig라고 불렀다는 것이다. 그런데 이 문서가 작성된 시점은 고구려가 멸망한 지 백여 년이 지난 뒤이기에 여기에서의 고려는 발해를 지칭한다. 따라서 이 문서는 발해가 고구려의 계승국임을 나타내 주는 중요한 자료라고 할 수 있다.

이 문서는 토번吐蕃이 8세기 말~9세기 초에 하서회랑河西回廊·농우隴右 일대에 세력을 확대할 때 티베트인이 쓴 것으로, 티베트인을 위한 『북방지北方志』라는 성격을 가진다고 한다. 또한 여기에 나오는 홀인은 소그드인이고, 홀은 양주涼州에 있던 소그드인 콜로니로 보아서, 문서는 8세기 중엽에 그 나라가 동방의 정세를 알기 위해 파견한 사람들의 보고라고 한다. 이를 따르면 소그드 네트워크가 중앙아시아에서 해奚를 지나 발해까지 이르렀음을 이 자료가 보여 주는 게 된다. 또한 이보신이 안사의 난 직후 화북 일대에서 권력을 확대해서 안사의 난 때에 요동을 점령한 발해와, 발해만을 끼고 직접 연결했을 것이다.

결국 발해는 안사의 난과 그 뒤를 이은 하삭 3진 시기까지 소그드 네트워크를 통해 서방과 무역했음을 알 수 있다. 한편 발해가 일본 측에 전해 준 물품에 보이는 '와자猧子'는 개의 일종으로, 동로마제국의 토산품이다. 따라서 발해가 서방 사회와 관련이 있음을 보여 준다고 할 수 있다. 소그드 네트워크를 통해 담비 모피뿐이 아니라 개도 수출했음을 알 수가 있다. 이는 당이나 일본과의 무역에 수령을 참여시킨 발해의 국가 전략처럼, 소그드인들을 참여시킨 결과로 이해된다.

소그드와의 교류의 흔적

소그드와의 교류 흔적은 여러 유물을 통해 알 수 있다. 첫째로

소그드 은화들(연해주 발견 은화, 펜지켄트 성터에서 나온 은화) 비교.

소그드 은화를 들 수 있다. 이것은 1995년 10월에 러시아 연해주의 아르세니예프카강 유역에서 학생들에 의해 우연히 발견된 유물이다. 이 유물의 구체적인 발견 지점은 확인되지 않았다. 현재 이 유물은 블라디보스토크에 있는 극동연방대학교 박물관에 소장되어 있다. 평면이 원형이고 아랫부분이 일부 결실되었다. 지름은 2.64센티미터, 두께는 0.13센티미터이고, 잔존 무게는 1.87그램이다. 앞면에는 왕관을 쓴 인물의 얼굴과 명문 등이 양각되어 있다.

이 은화와 비슷한 도안을 가진 은화가 우즈베키스탄의 펜지켄트 성터에서 나온 바가 있다. 이 동전의 앞면에는 왕관을 쓴 사산조 페르시아 바흐람 5세의 측면 얼굴과 그 위의 초승달과 점 등이 묘사되어 있는데, 중앙아시아 지역에서는 5세기부터 그리고 다시 7세기 2/4분기부터 특히 부하라와 소그드 지역에서 바흐람 5세의 동전을 모방한 동전을 생산했다고 한다. 샤프쿠노프는 이 은화를 부하라 드라흐마drakhma 동전의 압바스조 모방 제품으로 보면서 그 주조 연대를 761~762년으로 봤으며, 이 은화가 노보고르데예프카 마을 유적이 8~10세기 소그드인들의 상업·수공업 중심지 중의 하나였음을 증명하는 증거라고 보았다.

둘째로는 사리함 유리병을 들 수 있다. 이 유물은 1975년 발해 상경성의 내성 동벽 바깥 동남쪽에 위치하는 발해진 토대자촌 남쪽 약 100미터 지점의 경작지에서 출토되었다. 사리함이 발견된 경작지는 둔덕을 이루고 있어서 발해의 기와가 함께 나왔기 때문에 발해의 건축 유적이 있었다고 추정되었다. 이 사리함은 일곱 겹으로 이뤄졌는데, 그 안에 유리병이 하나 들어 있었다. 이 유리병은 전체 높이가 5센티미터이고, 유리병 안에는 다섯 개의 '사리'가 들어 있었다. 이 유리병은 서아시아나 중앙아시아 생산품으로 본다.

셋째로는 발해 시기 아브리코스 절터에서 출토된 경교景教 십자가이다. 이 유물은 타원형의 점토판에 십자가가 표현되어 있는데 이 유물을 처음 소개한 샤푸크노프는 자그마한 크기의 경교 십자가로 소개했다. 경교는 기독교 종파 가운데 하나인 네스토리우스교가 동양에 전래된 이후 붙여진 명칭이다. 635년 여러 선교사가

발해진 토대자촌 출토 사리함 유리병

아브리코스 절터에서 출토된 경교 십자가

상경성 토대사지 출토 신장상

페르시아로부터 당나라의 장안에 도착하면서 전래했다. 이 경교 십자가를 위구르인이 남겼다고 보기도 하지만, 현재로서는 소그드인과 돌궐인 가운데 경교 신자가 있었을 가능성도 있다.

넷째로는 상경성 토대자사지에서 출토된 서아시아인 신장상이

크라스키노성터에서 출토된 낙타 뼈와 청동 낙타상

있다. 이 유물은 토제이고 크기는 6.8센티미터이다. 눈이 깊고 코가 높은 얼굴과 이마에 두른 띠가 서아시아인의 모습을 잘 보여 주고 있다.

마지막으로는 크라스키노성터에서 출토된 낙타 뼈와 청동 낙타상을 들 수 있다. 낙타 뼈는 2012년도에, 청동 쌍봉낙타상은 2015년에 출토되었다. 크라스키노성이 있는 연해주는 몬순 기후로 특히 겨울에 습해서 낙타를 키우기 어려운 환경으로, 이 낙타는 내륙 지역에서 온 것으로 보인다. 쌍봉낙타상은 소그드 동전과 당나라의 도용에서 크게 유행했다는 점을 고려하면, 소그드인에 의해 이 지역에 전해진 것으로 보인다. 참고로 소그디아나의 벽화나 동전에 많이 나타나는 낙타의 머리와 앞다리를 표현한 옥좌玉座에 앉은 '낙타의 신'이 소그드 카라반에게 재산의 신이었다는 것을 고려하면, 청동 낙타상은 소그드인이 크라스키노성에 왔거나 거주하던 곳이었음을 보여 준다.

흑수로 가는 길

흑수로 가는 길은 『신당서』 발해전에 나오는 5도에는 포함이 되지 않는다. 이는 발해인 자신의 기록이 남아 있지 않은 상황을 반영하는데, 말갈의 한 종족인 '흑수말갈로 가는 길'도 발해의 주요 교통로에 해당한다고 생각한다.

흑수말갈은 어디에?

말갈은 중국 동북 지방과 러시아 아무르강과 연해주 일대에 거주하던 고대 북방 종족으로, 문헌 기록상으로는 563년 처음 등장해서 938년에 이름이 사라진다. 중국 학계는 말갈을 숙신부터 만주족에 이르는 일원적인 종족 계통으로 이해하고 있다. 또한 말갈 부족의 주거지를 다음과 같이 정리하고 있다.

속말부는 길림시를 경계로 송화강 북류 구간, 백산부는 백두산 일대인 지금의 길림성 연변 지역, 백돌부는 길림성 유수榆樹·부여夫

흑수말갈(하바롭스크와 블라고베셴스크 일대) 등 말갈족이 활동하던 곳

餘와 흑룡강성 쌍성雙城·오상五常 경내, 안거골부는 흑룡강성 아십하阿什河 유역, 불열부는 지금의 장광재령 동쪽 및 목단강 유역, 호실부는 수분하綏芬河 유역, 흑수부는 지금의 흑룡강 중하류 남북 양안의 광대한 지역, 사모부는 정기리강精奇里江과 우만하牛滿河 상류, 군리부는 영긍하원英肯河源과 아마령雅瑪嶺 일대, 막예개부는 사할린 남부와 시호테알린산맥 일대, 굴설부는 사할린과 흑룡강 일대, 우루부는 의란依蘭 일대, 철리부는 수빈현綏濱縣 일대이다.

이상의 중국 학계의 견해, 즉 말갈의 일원론적 계통설은 발해 건국 주체가 말갈이고, 그들이 세운 발해 역시 당대의 지방 정권이라는 접근 방식으로 동의하기 어렵다. 또한 실제 규모와 상관없이 이들의 활동 지역을 모두 말갈 영역으로 인식해 고구려의 영역을 많이 축소한 문제를 일으켰다. 실제 말갈 유적 현황은 일부 지역에 집중되어 있고, 시기적으로 편차가 있어 같은 시기에 존재하던 말갈 7부와 그대로 연결하기에는 문제가 많다. 따라서 말갈 제부의 지역적 분포와 세력권에 대해서는 성급한 결론을 내기에는 어렵다고 생각한다.

3~4세기부터 7~8세기까지 아무르강 유역에는 대체로 소흥안령-부레야 산맥을 경계로 해서 그 서쪽과 동쪽의 지역으로 구분되었다. 서쪽은 지금의 블라고베셴스크시가 있는 제야강 너머까지의 저지대에 미하일로브카 문화가 존속했고, 동쪽에는 하바롭스크시를 중심으로 하는 아무르강 중·하류 지역에 나이펠드 문화가 있었다. 나이펠드 문화는 아무르강의 지류인 제1 송화강과 우

트로이츠코예 고분군 전경

말갈인의 복원 가옥(블라
고베센스크 소재 아무르주
역사문화센터)

수리강의 저지대에 분포하는 중국 지역의 동인 문화를 포괄한다.

이 두 지역은 유물의 양상이 서로 다르다. 서쪽의 미하일로브카

문화에는 장란형長卵形(길쭉한 계란 모양)의 동체가 있는 항아리형 토

기와 동체에 목이 있는 병형瓶形 토기가 많은데, 모두 격자타날문 (토기의 몸통을 다지거나 부풀리기 위해 두들개로 두드려서 만든 무늬) 장식이 있다. 나이펠드 문화에는 동체가 긴 화병형과 심발형 계통의 토기가 많으며, 모두 어깨 부분에 침선문(빗살무늬)과 다치구 압인문(문양을 누르는 눈이나 이빨이 여럿인 무늬)이 있다.

8세기경 발해의 건국과 함께 아무르강의 동쪽 지역에 거주하던 흑수말갈이 발해의 압박을 받고 서쪽으로, 즉 미하일로브카 문화 지역으로 이동한다. 이로 인해 아무르강 서쪽 지역에는 8세기쯤부터 나이펠드 문화의 요소가 확인된다. 이후 8세기 중엽 이후에 아무르강 서쪽 지역에는 트로이츠코예 문화가 등장하는데, 이 문화에서는 말갈계의 수제 토기(손으로 빚은 토기)와 고구려계의 윤제 토기(돌림판이나 물레를 사용해 만든 토기)가 함께 보이고 있으며 속말말갈의 것으로 본다. 따라서 흑수말갈의 중심 지역은 오늘날의 하바롭스크에서 블라고베셴스크 일대이다.

아무르강 서쪽 지역의 트로이츠코예 문화에서 발견된 발해 토기

스보보드니 소재 자유시 사변 독립군 순절비(왼쪽), 자유시 사변이 일어난 급수탑(오른쪽)

　　지난 2018년 6월에 하바롭스크 일대 답사를 할 기회가 있어, 여러 유적지를 돌다가 흥미로운 곳을 발견했다. 자유시 사건으로 알려진 스보보드니를 가게 되었다. 스보보드니는 러시아 아무르주의 도시로, 블라고베셴스크에서 북쪽으로 150킬로미터 떨어진 곳이다. 이 도시는 1912년에 시베리아 횡단 철도를 개척하던 중에 알렉세이 황태자의 이름을 따서 '알렉세예프스크'라는 이름으로 건설되었다가, 러시아 혁명 이후 러시아어로 '자유로운'이란 뜻을 가진 스보보드니로 바뀌었고, 한인들이 의역해 자유시로 불렀다고 한다. 1921년 6월 28일 당시 소련 스보보드니에서 붉은 군대(적군)가 한인 무장 독립군들을 포위 학살한 사건이 일어났는데, 이는

'자유시 참변'이나 '흑하 사변'으로도 불린다. 현재 이곳에는 추념비와 사건의 현장인 급수탑만 쓸쓸하게 남아 있다.

상경에서 흑수까지

『신당서』 지리지에 의하면, "발해 왕성에서 동북쪽으로 덕리진德理鎭을 거쳐 흑수말갈의 남쪽에 이르는 데 천 리나 된다."라고 했다. 이 기록은 발해 상경에서 흑수로 가는 길에 관한 유일한 사료이다. 이를 통해 덕리진이 흑수도의 중요한 경유지임을 알 수가 있다. 덕리진은 지금의 흑룡강성 의란을 가리키는데, 덕리진에 가려면 발주渤州의 치소를 지나야만 한다. 발주는 오늘날의 목단강시 화림진樺林鎭 남성자촌의 남성자고성으로 본다.

남성자고성은 발해시대의 성터로, 발해 세력이 북쪽으로 세력을 확장하던 과정에서 전진 기지의 역할을 한 것으로 추정된다. 성 동쪽으로 늑늑하勒勒河가 흐르는데, 북쪽 3킬로미터 지점에서 판원하板院河와 만나 서쪽에 있는 목단강으로 흘러 들어간다. 성의 형태는 남북 장방형을 이루며 둘레는 2,060미터이고, 남북 길이 580미터, 동서 너비 450미터이다.

남성자고성 남동쪽 5킬로미터 지점에는 석장구石場溝 고분군이 있고, 목단강변장牡丹江邊墻이라 불리는 장성이 화림진의 목단강 건너편에서부터 시작해 50여 킬로미터에 걸쳐 북서쪽으로 뻗어 간다. 남성자고성과 목단강변장은 목단강을 지나 흑수말갈로 통하는 교통로 선상에 있다. 따라서 이 장성은 발해 초기에 흑수말갈을 방어하기 위해서 최전선에 쌓았고, 발해 중후기에 더 북쪽으로 세력을 확장해 감에 따라 목단강변장의 역할이 줄어들고, 그 대신에 남성자고성이 발해 세력의 전진 기지로 이용되었을 것으로 보인다.

발해 상경에서 흑수로 가는 길은 상경에서 목단강을 따라 영안, 목단강시 일대, 남성자고성을 지나 덕리진에 이르렀다가 하바롭스크에 이르는 노정이었다.

동경에서 흑수까지

발해 동경은 훈춘 팔련성으로, 3대 문왕 말년인 780년대 후반에 상경에서 이곳으로 천도했다가, 그가 사망한 후인 793년 무렵에 다시 상경으로 되돌아갈 때까지 발해의 도성이었다. 동경에서 흑수로 가는 길은 대략 두 갈래로 추정된다. 하나는 팔련성에서 출발해 장령자長嶺子, 크라스키노, 스타로레첸스코예, 니콜라예프카, 마리야노프카를 지나 하바롭스크에 이르는 길이다. 다른 하나는 합달문哈達門, 마적달馬適達, 춘화春化, 초평草坪, 동녕東寧을 거쳐 수분하를 따라 동남쪽으로 남우수리스크를 지나 하바롭스크에 이르는 여정이다.

흑수인 하바롭스크로 가는 길(추정)

발해의 개 썰매

일반적으로 개 썰매 하면 알래스카 개 썰매를 연상하는 분들이 많을 것이다. 필자는 여러 차례 발해가 있던 동북 3성과 러시아 연해주 지역을 겨울철에 답사하면서 얼어붙은 도로와 하천을 보곤 했다. 거기서 드는 의문이 발해국 시기에는 '중앙과 지방이 서로 어떻게 왕래했을까'였다.

의문점은 발해 역참제를 검토하면서 풀렸다. 역참驛站이란 관리의 호송이나 공문서의 전달, 군령의 전달, 조공과 무역품의 운수 그리고 공부(貢賦, 전세田稅와 공물貢物) 운수의 필요로 설치된 역사驛舍, 역마驛馬가 있던 곳이다. 이러한 역참은 수역水驛과 마역馬驛으로 나뉘는데, 마역은 육지에 설치한 육참陸站이고 수역은 강이나 하천에 설치한 수참水站이다.

참고로 중국 역사상 가장 많은 역참을 설치한 원의 경우 전체 설치된 잠치站赤가 1,496곳이다. 이 가운데 원의 『경세대전經世大典』 잠치조와 『석진지析津志』 천하잠명조의 기록에 근거하면 발해가 있던 지역인 요양 등지에는 참치 120곳이 설립되었다. 이를 통해 봤을 때도 기록으로만 남아 있지 않을 뿐이지 발해에도 역참이 충분히 더 있었을 가능성이 크다.

발해의 수참

발해에서 수상 운수가 발전한 것은 나라의 자연 지리적 조건과 떼어 놓고 생각할 수 없다. 발해는 영토의 서남부와 동부에 긴 해안선을 가지고 있을 뿐만 아니라 내륙에 흥개호, 경박호와 같은 큰 호수들과 압록강·두만강·대동강·송화강·요하·목단강·흑룡강·우수리강 등 큰 강들이 있었으므로 수상 운수를 발전시킬 수 있는 유리한 자연 지리적 조건을 가지고 있었다. 특히 송화강과 그 지류들은 분포의 특성으로 인해 발해 시기 강하천 운수에 널리 이용되었을 것으로 짐작된다.

우선 압록강·휘발하 수계는 당으로 가는 교통로에 해당하여 편의상 같이 분류했다. 먼저 압록강 수계는 압록도의 수로에 해당한다. 수로는 신주에서 압록강을 이용해 환도·박작구를 거쳐 황해로 들어가고, 또한 요동반도 동해안을 따라 등주에 이르는 구간이다.

한편 압록강을 이용한 수운에 관한 1932년 보고에서는 압록강을 다섯 구역으로 구분해서 그 상황을 기록했다. 이에 따르면 상류와 중류의 경계점이 서경압록부인 임강이며, 여기서부터 하류에서 30석을 실은 배의 항해가 쉬워진다. 고구려의 경우, 왕도가 집안에서 평양으로 옮겨갔듯이 그 정치적 중심은 한반도 쪽으로 남하하는 경향이 있었기 때문에 압록강의 집안 위 상류 지역은 별로 돌보지 않았다. 반면에 발해의 지배 지역은 고구려보다 동북 지방의 오지, 즉 목단강의 상·중류 지역에 있었다. 게다가 발해와 당의 교통로가 자주 막히는 상황에서 이 지역과 중국 중원 지역을 잇는 교통로로써 압록강 중·상류 유역에 관심이 쏠리게 되고, 이러한 결과로 임강의 지리적 조건이 중요시되게 되었다.

다음으로 휘발하 수계는 영주도의 수로 구간에 해당한다. 영주도의 노선은 상경에서 목단강을 따라 남쪽으로 목단강령을 넘어 제2 송화강 유역으로 들어가고, 또한 휘발하輝發河·유하柳河·혼하渾河 연안을 따라 영주에 이르는 구간이다.

둘째로는 목단강 수계를 들 수 있다.

개원성 서남쪽에 영원현寧遠縣이 있고, 또 그 서남쪽에 남경南京이 있으며, 더 남쪽에 합란부合蘭府가 있고, 또 그 남쪽에 쌍성雙城이 있는데 직접 고려 왕도에 이른다. 바로 서쪽에는 곡주穀州가 있고 서북쪽에는 상경이 있는데, 즉 금나라의 회령부會寧府이다. 상경의 남쪽은 건주建州이고, 서쪽은 빈주賓州이며, 다시 더 서쪽은 황룡부黃龍府인데 금나라 때 이섭군利涉郡으로 고쳤으며, 다시 서쪽은 신주信州인데 소재지는 무창현武昌縣이다. 북쪽은 조주肇州인데 소재지는 시흥현始興縣이다. 동쪽은 영주永州·창주昌州·연주延州이며 동북은 합주哈州·노아간奴兒干인데, 성은 모두 발해·요·금 대에 세운 것이며 원나라 때 폐지되었으나 성터는 아직 남아 있다.

위의 기사는 『요동지遼東志』 권1, 지리지 고적조와 『대명일통지大明一統志』 권25, 요동도사遼東都司 고적조에 실려 있는 것이다. 이 기록은 첫째로 노아간이 다른 역참들과 함께 발해 때부터 있었으며, 따라서 노아간이 위치한 흑룡강 하구 지역이 발해의 영역이었음을 보여 준다. 둘째로 흑룡강 중·하류에 발해국의 수참·구참이 있었음을 밝혀 준다.

이러한 수참의 구체적인 지명은 명나라의 「해서동수륙성참」을 통해 알 수 있다. 육로는 저실복참底失卜站에서 출발해 송화강과 흑룡강 하류 양안의 45개 역참을 따라 동북쪽으로 가서 형곤하亨滾河 하구 북안의 종점인 만경참滿涇站에 이른다. 수로는 지금의 지린시의 송화강에서 출발해 강을 따라 내려가서 곧바로 노아간도사奴兒干都司에 이른다. 이 노선은 요·금·원 이래의 옛길을 계속 이용한 것이며, 요 대에 오국부五國部와 왕래하고, 금 대에 오국성五國城인 길열미吉列迷와 왕래했으며, 원 대에 노아간 및 동정원수부東征元帥府와 왕래하던 노선이었다.

발해 멸망 후 흑수 지역 역참에 대해 구체적으로 전한 것은 명나라 때의 기록이다. 『요동지』와 『전요지全遼志』에 실린 개원·해서를 중심으로 한 중국 동북 지방과 그 이북 지역의 교통로에 대해 나와 있는 게 실례이다. 명나라 「해서동수륙성참」은 발해 이래의 흑수 수참 체계를 계승한 것이라 할 수 있다.

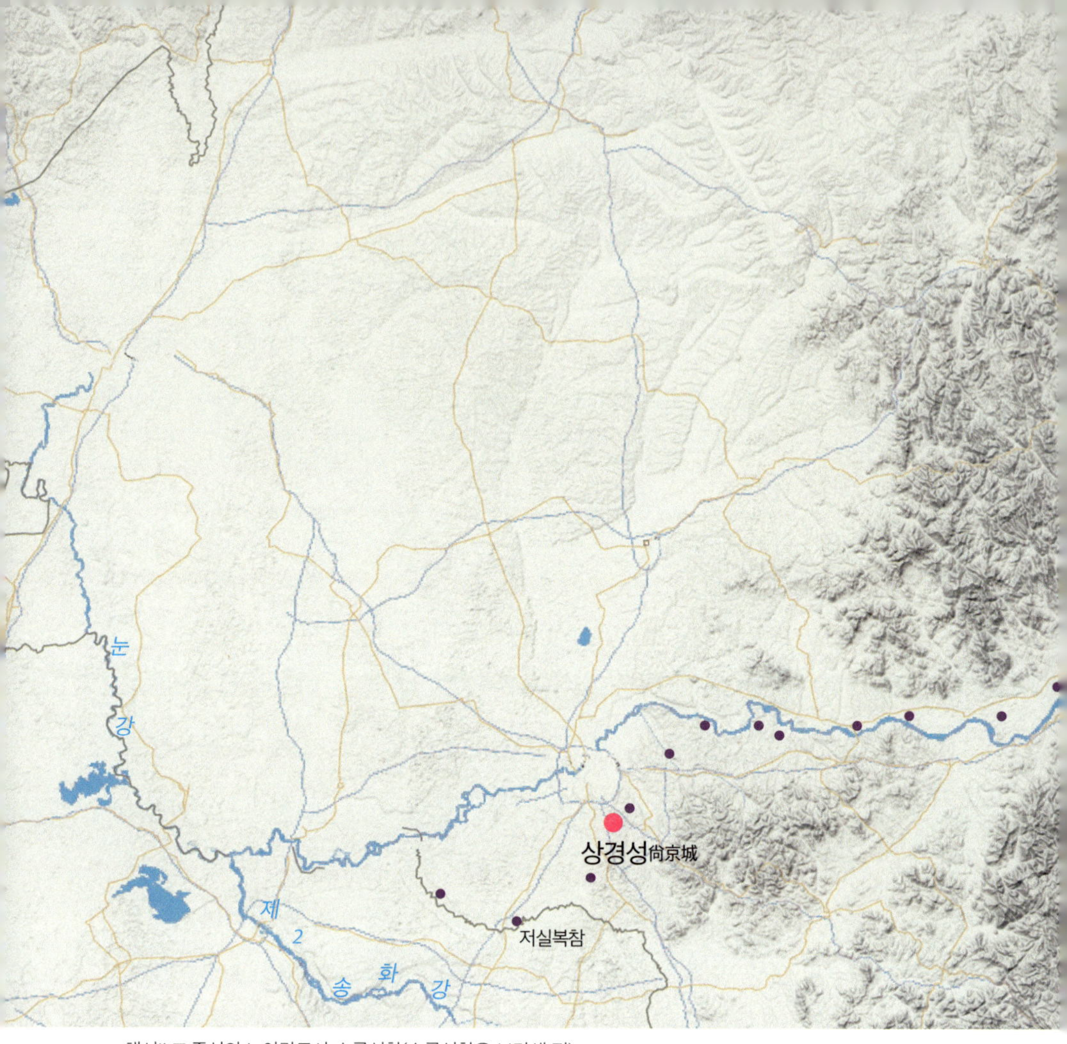

해서海西 중심의 노아간도사 수륙성참(수륙성참은 보라색 점)

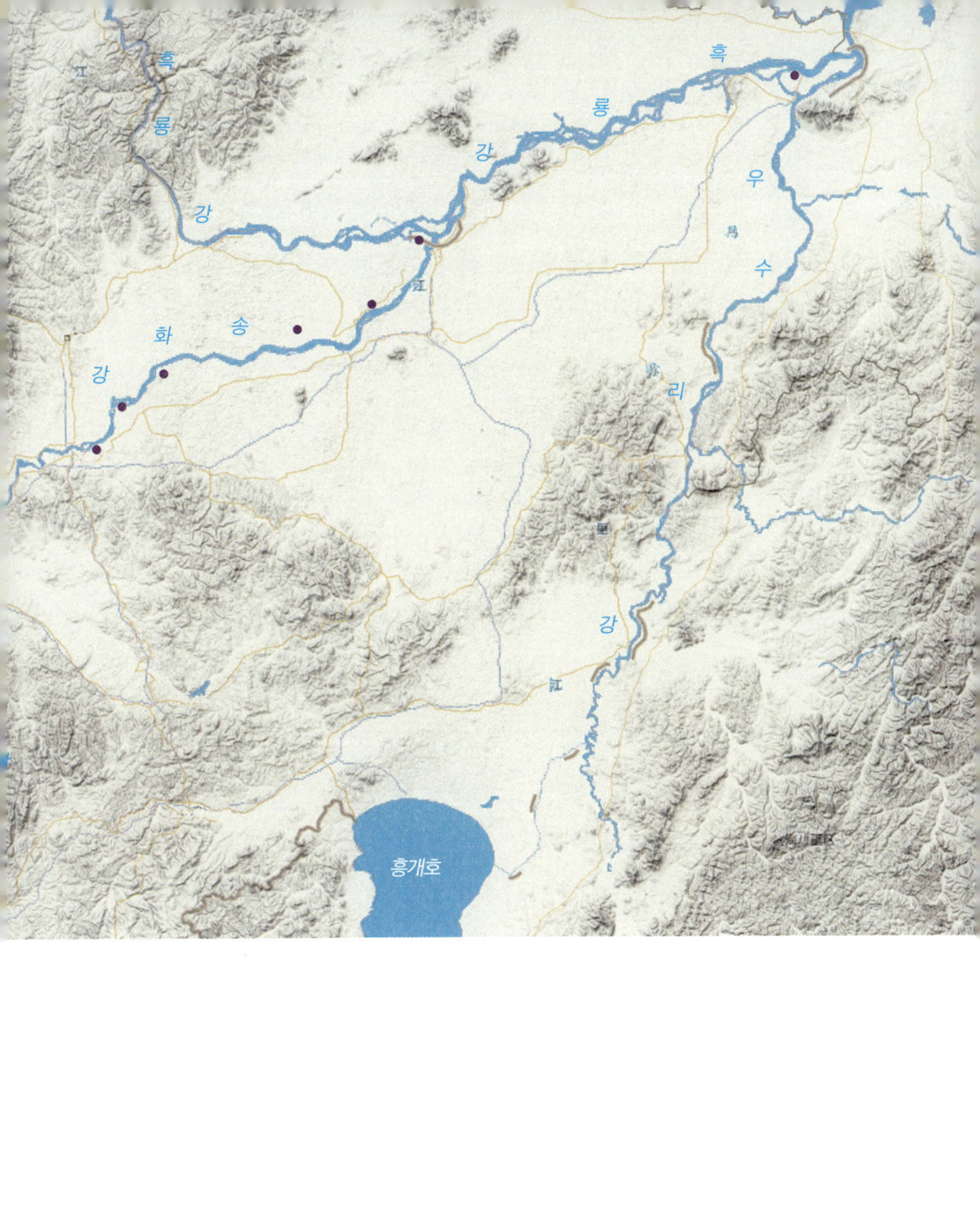

흑룡강
흑룡강
송화강
우수리강
흥개호

셋째로, 두만강 수계는 일본도의 수로 구간에 해당한다. 일본도는 상경에서 알아하구嘎呀河口까지의 구간은 압록도와 겹치고, 그곳에서 두만강 하곡을 따라 동경(팔련성)에 이른다. 동경의 동남쪽 약 40킬로미터에 있는 러시아 연해주 핫산 지구의 크라스키노성에서 일본으로 갔다. 두만강 수계의 노선에는 고성리고성, 선구산성, 삼층령산성, 조동산성이 있고, 지류인 훈춘하에는 살기성, 간구자산성, 석두하자고성 등이 있다. 이러한 성들이 역관의 역할을 했을 것으로 생각된다.

발해의 구참狗站

흑룡강은 9월부터 다음 해 4월까지 얼기 때문에 이 기간에 배를 통한 수상 운수가 불가능했다. 흑룡강을 통한 수상 운수 가능 기간은 5월부터 8월까지의 4개월간에 불과했다. 따라서 흑룡강의 수참 중 일부 구간에서는 겨울철에 개 썰매를 이용했다.

구참狗站은 수구참水狗站이라고도 한다. 여름철에는 배로 수상 운수를 하지만 겨울철에는 썰매를 이용한다. 2~3명이 개 썰매를 타고 얼음 위를 가는데 말처럼 빠르다.

이상에서처럼 『전요지』에 구참에 관한 기사가 실려 있다는 것은 명나라 때 이곳으로부터 흑룡강 어구의 만경참까지가 구참 구역이었음을 보여 준다. 원나라 때에는 막로손참莫魯孫站 이하의 15참이 구참이었다.

원 대의 역참은 육로와 수로 두 곳으로 나눠지는데, 육로는 일반적으로 말을 이용해서 마역馬驛이라고 했다. 흑룡강 하류에서는 개를 이용하기도 했는데 이를 구참이라고 했다. 각 참 사이의 거리는 평균적으로 70~80리에서 100리 사이였다. 구참은 15곳인데 참마다 평균적으로 참호站戶 20호, 개 200마리가 있었다. 참마다 역을 설치했는데, 제령提領과 톡토하순脫脫禾孫이 역참의 사무를 관리했다. 톡토하순은 몽골어로 역참의 감찰 관원이었는데, 사신과 관원이 왕래할 때 휴대하는 패부牌符를 검사하고, 사명使命의 진위를 판별하고, 지방 질서의 유지를 담당했다. 역참에는 관리 외에도 참호를 두었는데, 참마다 일정한 수의 참호가 있어서 역을 부담하도록 했다.

이처럼 발해는 흑룡강 중하류에 구참을 설치해 흑룡강의 겨울철 수송망을 편성했다. 당시 구참에서 이용되던 썰매의 구조와 형태에 대해서는 『만주원류고』를 통해, 발구의 형태는 탄환을 발사하는 활이나 노인 탄궁彈弓과 같고 썰매의 형태는 배처럼 생겼으며 크기는 발구가 썰매보다 더 컸다는 것을 알 수 있다. 이 두 가지는 구별하지 않고 같은 뜻으로 쓰이는 예도 있었다. 이러한 발구는 농가에서 부업으로 산에서 긴 나무를 운반할 때 쓰는 일종의 썰매로, 현재 남아 있는 것은 소가 끄는 것이다.

이처럼 발해 때에는 구참을 통해 개가 운송 수단으로 이용되었

발구

다. 이것은 개가 가축으로 많이 길러지고 있었기 때문에 가능한 일이었다. 발해 영역 안에서는 개 뼈도 적지 않게 나오고 있다. 특히 니콜라예프카Ⅱ성터에서는 개 뼈가 많이 발견되었다. 모두 246마리분의 개 뼈 860점이 발견되었는데, 전체 가축 뼈의 25.8퍼센트를 차지하는 것이었다. 마리야노프카성터에서는 12.5퍼센트, 노보고르데예프카 마을 터에서는 13.8퍼센트, 노보고르데예프카성터의 발해 문화층에서는 7.1퍼센트를 각각 차지했다. 현재 아무르강 일대에 거주하고 있는 흑수말갈의 후예인 나나이와 니브흐족도 개 사육을 하고 있다고 한다. 이들에게 개는 운송의 중요한 수단이었으며, 사냥에도 동원되었다. 이들이 거주하던 곳 근처 블라

썰매(하바롭스크 지역학박물관)

고베셴스크에서는 발해의 무덤군인 트로이츠코예 유적이 발굴되기도 했다.

발해 역참의 기능과 의의

발해는 5도로 대표되는 기간 도로망을 역참을 통해 운영했을 것으로 생각된다. 역참은 크게 마참과 수참·구참으로 나눠 볼 수 있다. 마참의 경우는 『삼국사기』의 기록과 원의 기록을 통해 그 존재를 인정할 수가 있다. 그리고 역관은 주요 교통로상에 있는 둘레 500미터 정도의 소형 성터이지 않을까 한다. 수참·구참은 수상 교통 구간으로 흑룡강 일대의 자연환경으로 보아 강물이 얼지 않았을 때는 수참, 얼었을 때는 구참이 이용되었을 것으로 판단된다. 수참·구참의 구간은 「해서동수륙성참」을 통해 알 수 있었다.

이러한 발해 역참로의 기능은 첫째로 군령의 전달이다. 이를 보여 주는 사례로 니콜라예프카성터에서 발견된 청동 부절符節을 들 수 있다. 니콜라예프카성터는 발해 15부 가운데 하나인 정리부定理府의 소재지로 추정되는 곳이며, 부절이란 물건 하나를 두 조각으로 나눠 두 사람이 각각 가지고 있다가 훗날 서로 맞추어 증거로 삼는 물건을 가리킨다. 이 청동 부절에는 '좌효위장군左驍衛將軍 섭리계聶利計'란 글자가 새겨져 있다. 섭리계 장군은 이 성으로 부임해 와서 사자가 오기를 기다렸다가 그가 가지고 온 부절과 자신의 부절을 서로 맞춘 뒤 군사를 동원했다. 따라서 역참을 통한 군령의

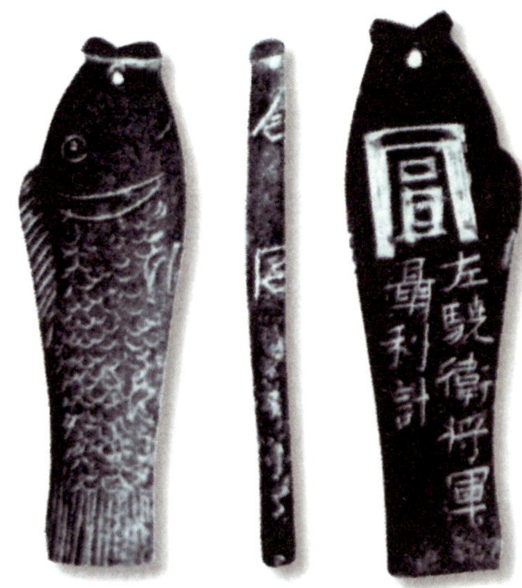

발해 15부 중 하나인 정리부의 소재지로 추정되는 니콜라예프카성터에서 발견된 청동 부절(복제품)

전달 사례로 볼 수 있을 것이다. 이는 역참로의 정치적인 기능이라 할 수 있다.

둘째로는 공부 운수와 무역품의 수송을 들 수가 있다. 발해의 경제 활동은 교역이 큰 기둥이고, 토성이나 도성은 지역 물자를 모으는 장소였다. 발해 각지의 산물도 교역품으로 모여, 토성이나 도성 주변에서 제철이 행해졌다고 생각된다. 발해의 토성이나 도성은 물자를 교환하는 시장이었고, 또한 집약된 자원을 가공하는 생산 거점이었다. 이러한 발해 생산 구조의 특성을 고려할 때, 5경 15부 62주라는 행정 단위를 거점으로 사방으로 연결된 역참로는 경제적인 면에서 기능했다고 할 수 있다.

셋째로는 관리와 사신의 호송에도 중요하게 역할했을 것으로 생각된다. 발해는 당과 100여 차례, 신라와 5차례, 일본과 34차례 교섭한 기록이 있다. 이외에도 거란, 돌궐, 위구르, 흑수말갈 등과도 교섭했다. 발해에서 파견한 사절이나 다른 국가나 민족에서 파견된 사절 모두 5도로 대표되는 발해의 역참로를 통해 왕래했다. 따라서 발해의 역참로는 정치적으로도 기능했다고 할 수 있다.

결국 발해의 역참제는 수상·육상·해상 교통로를 아우르는 네트워크의 거점으로서, 서해(압록강·휘발하 수계)·동해(두만강 수계)·북방 유목민과의 교류 출구(목단강 수계)의 거점이자, 실크 로드 간선의 거점으로서 동유라시아 네트워크의 동맥이었다고 할 수 있다.

3장

신라로 가는 길
- 남부 네트워크

신라도의 노선과 여정

발해의 교통로는 수로, 육로, 해로가 결합해 있는 것이 특징이다. 이 가운데 신라도는 발해에서 신라의 수도 경주까지 이르는 길이다. 신라도는 크게 육상교통로와 해상교통로로 나눠진다. 육상교통로는 다시 동부와 서부로 나눠진다. 먼저 동부 육상교통로는 발해와 신라 사이에 설치된 상설 교통로로서 신라도 가운데 가장 중요한 위치를 차지했다. 가탐의 『고금군국지』에 "발해국의 남해, 압록, 부여, 책성 등 4개 부는 고구려의 옛 지역이다. 신라 천정군泉井郡으로부터 책성부柵城府에 이르기까지 39역이었다."라고 나온다. 천정군은 오늘날의 함경남도 덕원이고, 책성부는 발해 시기 동경용원부(훈춘시 팔련성)이다. 서부 육상교통로는 발해의 국내성으로부터 한반도 서부 지역인 평안도 지방을 거쳐 경주에 이르는 길이다. 동부 육상교통로의 개설 시기가 4세기 무렵 고구려에 의한 것이라는 견해를 고려하면, 서부 육상교통로도 고구려에 의해 개통되어 남북국시대까지 사용되었을 것으로 보인다. 신라도의 해상

교통로 구간은 훈춘에서 함경도, 강원도, 그리고 경북 동해안을 잇는 연안항로이다. 이 항로의 이용 사례는 내물왕의 아들로 고구려에 볼모로 잡혀 있다가 박제상의 노력으로 돌아온 복호卜好의 귀환 기사를 들 수 있다.

동부 교통로

발해의 동부 교통로는 신라 측에서는 '북해통北海通'에 해당한다. 그 구체적인 노선은 크게 두 가지 설로 나눠 볼 수 있다.

첫 번째는 한반도의 동해안을 통했다는 설이다. 신라의 간선도로인 5통五通의 하나인 북해통은 동북방의 의미를 지닌 간문역艮門驛을 기점으로 동해안을 따라 북상해 실직悉直(삼척)·하슬라何瑟羅(강릉) 등 옛 실직주悉直州 주치州治나 당시 명주溟州의 주치를 거쳐, 달홀達忽(고성)·비열홀比列忽(안변)의 옛 비열홀주 주치를 잇는 명주가도溟州街道이다. 이처럼 5통을 '선'으로 보거나, 이와 달리 5통을 방면별 노선망으로 지선이나 배후 노선을 포함한 개념으로 보기도 한다.

또 하나는 동해안 경유와 내륙 경유 두 개의 루트가 있다는 설이다. 이 설은 북해통의 루트로서 동해안 경유의 '명주가도'와 함께 내륙 경유의 '삭주가도朔州街道'를 설정하는 것이 특징이다.

고구려의 남하 정책에 의해 점령·지배되었던 동해안 지역에 대한 신라의 북진은 지증왕 대부터 본격적으로 추진되었다. 지증왕은 삼척에 실직주, 강릉에 하슬라주, 아시촌阿尸村(함안)에 소경을 설치하고 이사부에게 우산국을 정벌케 함으로써 동해의 제해권과 동해안 지역을 확보했다.

524년(법흥왕 11)에 건립된 울진 봉평리 신라비에 실직군주 이부지나마悉夫智奈麻와 더불어 실직도사悉支道使 오루차소사제지烏婁次小舍帝智가 보인다. 당시 신라는 실직 지역에 군주와 도사를 동시에 파견했다. 501년(지증왕 2)과 503년(지증왕 4)에 건립된 포항 중성리 신라비와 영일 냉수리 신라비에 '나소독지도사奈蘇毒只道使'와 '탐수도사耽須道使' 등이 보인다. 일반적으로 도사는 행정촌에 파견된 지방관으로 이해된다. 포항 중성리 신라비는 501년 이전에 동해안 지역을 행정촌으로 편제하면서 도사 등의 지방관을 파견했음을 알려 주는 자료로써 주목된다.

『삼국사기』 신라본기에 505년(지증왕 6) 2월에 "왕이 몸소 나라 안의 주와 군·현을 정하였다."라고 전한다. 진평왕 대부터 군사적 긴장도가 높은 접경 지역에 현을 설치하기 시작해 9주 5소경을 완비한 685년(신문왕 5)에 전국의 행정촌을 현으로 재편하는 작업이 마무리되었다고 이해한다. 더구나 울진 봉평리 신라비에 주와 군에 관한 언급이 전혀 없다. 505년 2월에 주와 군, 현의 영역을 확정했다는 언급을 사실 그대로 신뢰하기 어려움을 방증하는 증거들이다. 이와 같은 이유를 들어 종래에 이 기록을 도사 파견지인 행정촌이 점차 늘어나 전국화하면서 그들 사이에 생겨난 관할 영역을 나눠 정한 사실을 반영한 자료로 이해했다.

따라서 적어도 505년에 신라가 실직 지역을 행정촌으로 편제하고, 거기에 도사라는 지방관을 파견했다고 이해할 수 있다. 그러면 505년 실직주를 설치하고, 거기에 이사부를 그 군주로 임명했다고 전하는 것은 어떻게 이해할 수 있을까? 진흥왕 순수비 창녕비에 상주上州와 하주下州가 보인다. 이밖에 『삼국사기』 신라본기에서 553년(진흥왕 14)에 한강 유역에 신주新州를 설치했다고 나온다. 이에 따라 561년 무렵에 신라는 전국을 상주와 하주, 신주로 구분해서 통치했음을 추론할 수 있다. 따라서 505년 2월에 실직주를 설치했다는 위의 기록 역시 그대로 믿기 어려워 보인다. 다만 이때 군주라는 직명을 지닌 이사부異斯夫를 실직 지역에 파견한 것은 부정할 수 없는데, 당시 이사부의 구체적인 직책은 실직주군주가 아니라 실직군주였을 것이다.

505년 무렵에 실직군주인 이사부는 어떤 임무를 수행했을까? 이와 관련해 진흥왕 순수비 창녕비에 비자벌군주比子伐軍主와 더불어 비자벌정조인比子伐停助人이 나오는 점을 주목할 필요가 있다. 신라인들은 영營을 정停이라고 불렀다. 여기서 영은 진영을 말하며, 사전적으로 진영은 '군대가 진을 치고 주둔하고 있는 일정한 구역'을 가리킨다. 따라서 비자벌정은 비자벌 지역(경남 창녕)에 주둔한 군대의 진영으로 이해할 수 있다. 정에 주둔한 군사의 성격에 대해 논란이 많으나 6부인, 즉 왕경인으로 이해하는 견해가 널리 지지를 받고 있다. 505년에 실직군주로 임명된 이사부 역시 6부인으로 구성된 정군단停軍團, 즉 실직정의 군대를 지휘하는 사령관의 성격을 지녔음은 물론이다.

540년대 후반에 건립된 단양 적성 신라비에 고두림성高頭林城에 군주로서 비차부지아간지比次夫智阿干支와 무력지아간지武力智阿干支가 있었다고 전한다. 이 비는 신라가 적성을 공격해서 빼앗고, 이때 전공을 세운 사람들에게 포상하는 내용이 핵심이다. 당시 적성 공략에 군주 비차부지와 무력지가 거느린 군단 및 추문촌鄒文村(의성군 의성읍) 당주幢主와 물사벌성勿思伐城(예천군 예천읍) 당주가 거느린 군단이 참여했음을 비문을 통해 확인할 수 있다. 두 명의 군주가 고두림성에 있다는 표현은 그들이 정군단을 거느리고 거기에 주둔한 사실을 의미한다. 540년대 후반에 군주가 정군단을 지휘하고 군사적 필요에 따라 여러 전투에 참여한 정황을 통해 540년대 후반까지도 군주는 그들이 파견된 지역의 행정을 총괄하는 지방관의 성격을 지니지 않았음을 추론할 수 있다. 이러한 측면에서 505년에 실직군주인 이사부 역시 실직 지역에 주둔한 정군단을 지휘했을 뿐이고, 그 지역의 행정은 실직도사가 담당했다고 보는 것이 합리적이다.

이처럼 505년 2월에 이사부를 실직 지역에 주둔한 정군단의 사령관, 즉 군주로 임명했다고 한다면, 이사부를 실직군주로 임명한 조치는 바로 신라가 실직 지역에 6부인으로 구성된 정군단을 상시 주둔시켜 고구려의 남진에 대응한 것으로 이해할 수 있다. 이사부가 하슬라주 군주에 임명되었다고 전하는데, 512년(지증왕 13)에 하슬라주를 설치했다고 보기 어려우므로 당시 이사부의 공식적인 직책은 하슬라군주였을 것이다. 아마도 505년(지증왕 6)과

512년(지증왕 13) 사이에 정군단의 주둔지를 하슬라로 옮김에 따라 이사부 역시 하슬라군주로 직명이 바뀐 것으로 이해된다.

이러한 신라의 영동 지역에 대한 지배는 항상 불안정한 상태에 있었기 때문에 달홀주 후방의 하슬라주를 북소경北小京으로 삼아 전략 거점화하지 않을 수 없었다. 이 지역에 대한 신라의 영향력 감소는 말갈에게 다시 활동의 기회를 제공해 태종 무열왕 대에는 고구려와 백제의 연합 세력이 신라의 북경을 침입했다. 이에 대해 신라는 하슬라가 말갈과 연접해 있어서 기왕의 소경을 파해 주를 설치하는 동시에 전략 거점으로서의 실직에 북진北鎭을 두었다. 이 처럼 신라의 동북경은 실직주(505년)-하슬라주(512년)-실직주(524 년 이전)-비열홀주(556년)-달홀주(568년)-북소경(639년)-하서주·북 진(658년)으로 정리할 수 있다.

북해통과 관련해 주목되는 사건은 678년(문무왕 18)에 북원소경 이 설치된 것으로, 이는 명주가도에서 삭주가도로의 전환을 초래 했다. 20년 전에 폐지된 북소경을 사실상 내륙으로 장소를 옮겨 부활한 것이다. 신라 5소경 가운데 금관소경을 제외하고, 각 소경 에 북·서·남·중이라는 방향을 부여한 것에도 '북'을 붙인 두 소경 은 기능상 연속성을 가지고 있다고 보인다. 북원소경과 하슬라주 사이에는 대관령이 있고, 북원소경은 하슬라주 방면과 우수주牛首州 (춘천)·비열홀주 방면으로의 분기점이 되는 교통의 요충에 있어서 소경이 자리 잡은 것이다.

그러면 삭주가도의 구체적인 경로에 대해 살펴보겠다. 신라 왕경에서 출발해 안강현安康縣(경주시 안강읍)-기계현杞溪縣(포항시 기계면)-장진현長鎭縣(포항시 죽장면)-유현柳峴(청송과 죽장면 사이의 고개)-연무현緣武縣(청송)-곡성군曲城郡(안동)-선곡현善谷縣(영주)-나영군奈靈郡(영주)-죽령에 이른다. 죽령에서 적산현赤山縣(제천)-나제군奈堤郡(제천)-북원경-황천현潢川縣(횡성)-연효현緣驍縣(춘천)-삭주에 이른다. 이는 현재의 국도 5호선이나 중앙고속도로와 거의 일치한다. 삭주에서 낭천군狼川郡(화천)-익성군益城郡(금성)-기성군岐城郡(창도면)-철운현鐵雲縣(회양군)-연성군連城郡(회양군)-청산현菁山縣(함경남도 안변군 문산면)-삭정군朔庭郡(안변)-정천군井泉郡(함경남도 덕원군)-탄항관문에 이른다. 여기서 익성군 이북은 조선시대 관북대로關北大路와 거의 일치한다. 결국 남북국시대 발해와 신라의 동부 육상교통로는 북해통 그 가운데서도 삭주가도를 통했다고 보인다. 한편 명주가도는 대북방 국경 연락의 역할을 상실한 뒤에도 명주의 치소로 향하는 지선으로 기능을 계속했을 것으로 추정된다. 수로부인 설화에 나오는 경로는 명주가도에 해당하기 때문이다.

동부 교통로 가운데 해상 구간에 대해서는 발해 남경의 토호포吐號浦에서 출발해 동해안을 따라 신라의 왕경에 이르렀다고 보기도 한다. 이 설은 특별한 근거가 있는 것은 아니다. 최근에 신라의 동해안 연안 항해의 거점으로 강릉에 주목한 견해가 있다. 이에 따르면 강릉 경포호가 석호潟湖로서 조선시대 수군의 정박처로 활용되는 것에 근거해 강릉 경포호 강문동 신라토성도 항구의 기능을 했을 것으로 보았다. 아울러 신라 내물왕 대를 전후로 해서 고구

북해통의 추정 복원도
동경용원부
중경현덕부
서경압록부
국내성
남경남해부
탄항관문
정천군
삭정군
청산현
습계현
금양군
임도현
편험현
연성군
환가현
고성군
철운현
기성군
동산현
익성군
수성군
익령현
낭천군
삭주
지산현
연효현
명주
우계현
황천현
삼척군
북
북원경
만경현
해리현
나제군
적산현
울진현
중원경
나영군
해곡현
통
선곡현
유린군
곡성군
야성군
서원경
연무현
해아현
장진현
신광현
기계현
안강현
왕경
남원경
김해경

려와의 교섭을 위해 동해안을 이용하면서 황초령을 지나 장진호를 거쳐 당시 고구려의 수도인 국내성으로 가기 위한 교통로와 관련되어 강릉이 중간 거점으로 선정되었기 때문이라고 한다. 향후 관련 고고 조사가 더 이루어져야 하겠지만 충분히 가능하다고 생각이 되어, 발해도 동해안 연안항로를 통해 신라 왕경에 갔을 개연성이 있다고 할 수 있다.

서부 교통로

발해에서 신라로 가는 서부 교통로의 신라 측 육상 구간은 북요통北傜通에 해당한다. 북요통의 '요'자가 부역을 뜻하는 것을 고려하면, 왕경에서 가장 먼 곳인 서북 변경 지대로 요역하러 가는 교통로라는 의미로 볼 수 있다.

신라 왕경에서의 경로는 건천 지역까지는 염지통鹽池通과 비슷한 것으로 보인다. 건천에서 북상해 고울부高鬱府(영천)를 거쳐 아시촌소경(의성) 일대를 중간 기착지로 하고 상주나 영주 방면에서 계립령鷄立嶺이나 죽령을 넘어 한주나 삭주 방면으로 이른다.

죽령을 넘어 북상하면 북원소경에 이르는데, 이곳에서 서북쪽으로는 한주에, 북쪽으로는 삭주에 이른다. 문경과 충주 사이에 있는 계립령을 통과하는 루트는 중원소경中原小京(충주)에서 남한강 수로를 이용하거나 수로 변을 따라 발달한 통로를 이용해 한주 방면으로 연결되었다.

평양, 영풍군, 한양군, 한주, 중원경을 잇는 간선 교통로(①)
영풍군, 송악군, 장단현을 잇는 교통로이며 ①의 지선이다.
662년 김유신 부대가 평양으로 이동한 경로이며 ①의 지선이다.

통일신라기 한반도 중서부의 간선 교통로

　　북요통은 대고구려전쟁 수행 과정에서 그 이용 양상이 드러난다. 김유신에 의한 신라군의 군량 수송 작전은 『삼국사기』 권7 문무왕 2년 조와 『삼국사기』 권42 김유신전에 실려 있다. 이에 따른 김유신의 진격로는 북요통의 경로를 통해 한산주까지 이동했고, 그곳에서 칠중하七重河(파주시 적성 일대의 임진강)를 건너 장새獐塞(황해도 수안)를 거쳐 평양에 이르렀다(앞의 지도 참조). 발해도 이 길을 이용했을 가능성이 크다. 다만 발해의 5경의 위치로 보아 동부 교통로보다는 활용 빈도가 낮았을 것으로 추정된다. 한편 서부 교통로의 해상 구간은 방학봉이 『신당서』 지리지를 통해 추정했으나 이용 가능성은 희박하다고 할 수 있다.

발해 24개 돌 유적

24개 돌 유적은 발해시대의 특징적인 건축 유적이다. 목단강 연안의 요전자, 해방청, 강동, 관지와 두만강 연안의 마패, 함경도 경성 부근 등 현재까지 모두 12곳의 유구가 수습되었으며, 그 유적의 용도에 대해 여러 학설이 있다. 유적은 7×2칸으로 된 건물의 주춧돌처럼 다듬은 현무암 재질의 돌을 아주 좁은 간격으로 배치한 형태이다. 모두 24개의 돌을 여덟 개씩 세 열로 배치했으며, 주변에서는 발해시대의 기와 조각도 함께 발굴되었다.

유적의 입지 및 현황

발견된 유적들의 분포를 보면 중국 측에 남은 것은 목단강 혹은 두만강 줄기를 따라 분포되어 있고, 북한 측의 유구는 동해를 따라 청진에서부터 뻗어 있다. 수도 상경에 가까운 돈화 부근과 경박호 부근에 각각 네 곳, 두 곳으로 모두 여섯 곳이 있으며, 가야하

嘎呀河 연안의 왕청현 백초구진 흥룡촌이나 두만강 연안 마패, 석건평 및 북한의 함경북도 청진시 송평 구역과 어랑군 회문리, 김책시 동흥리에 분포되어 있다.

① 강동江東 24개 돌

강동 24개 돌 유적은 돈화시 시내 동남쪽 주변 지세가 평탄한 길림성 돈화시 강남진江南鎭에 있다. 유적 북쪽으로는 목단강을 끼고 있으며, 돈화에서 연길과 영안으로 가는 교통 요충지에 있다. 유적 부근에는 반경 10킬로미터 이내에 동모산, 영승 유적, 오동성, 육정산고분군 등 발해의 주요 유적들이 분포되어 있다. 현재 유적은 1.5미터 정도 높이의 철책으로 보호되고 있다. 2005년 이전에는 도로와 같은 높이에 있었으나 입체 도로를 만들기 위해 길을 지하화하는 바람에 지금은 유적과 도로의 높이가 10미터 이상 차이 난다. 유적 재료는 현무암으로 8개씩 3줄로 서쪽으로 약간 치우친 남북을 향해 배열되어 있다. 현재는 가운뎃줄 다섯 번째 주춧돌이 없어져 23개의 주춧돌만이 남아 있다. 정면 길이는 주춧돌 중심 간의 거리가 1열이 9.64미터, 2열이 8.95미터, 3열이 9.24미터이고, 측면 길이는 6.95미터 정도의 규모이다.

② 관지官地 24개 돌

관지 24개 돌 유적은 돈화시에서 흑룡강성 영안시 방면으로 가는 도로와 접한 길림성 돈화시 관지진官地鎭 동승촌東勝村에 있다. 현

강동 24개 돌 유적 복원도

재 유적은 과수원 겸 텃밭으로 사용되고 있어 유적의 상태를 파악하는 것이 어렵다. 유적의 서쪽으로는 강이 흐르고 있고, 서남쪽으로 2.5킬로미터 떨어진 곳에는 발해 시기의 성인 석호고성石湖古城이 있다. 주춧돌은 8개씩 3열로 동서쪽을 향해 배열되어 있으나 현재는 23개만 남아 있다. 유적의 정면 길이는 9.4미터, 측면 길이는 7.95~8.25미터로 정방형에 가깝다. 열과 열 사이의 거리는 4미터 내외를 유지하고, 각 주춧돌 간격은 1.5미터 내외이다.

③ 해청방海青房 24개 돌

해청방 24개 돌 유적은 관지 24개 돌 유적과 10킬로미터 떨어진 돈화시에서 영안시로 가는 길목인 돈화시 관지진 임승향林勝鄉에서 동남쪽으로 약 300미터 떨어진 넓은 들판 경작지 한가운데에 있다. 유적이 있는 곳은 주변이 비교적 넓고 약간 높은 곳이며, 유적

동쪽으로는 산이 있고, 서쪽으로는 시내가 흐르고 있다. 임승향의 원래 이름은 '해청방'으로, 유적 이름을 문헌상으로 통일하기 위해 해청방이라 했다. 주춧돌의 재료는 현무암으로, 24개의 주춧돌이 8개씩 3열로 남북을 향해 배열되어 있는데 손상됨 없이 원래 상태를 잘 유지하고 있었다. 해청방 24개 돌 유적은 다른 24개 돌 유적 가운데 상태가 좋은 세 개의 유적(해청방, 만구, 요전자) 가운데 하나이다. 유적의 정면 길이는 1열이 9.7미터, 2열이 9.4미터, 3열이 9.25미터를 유지하고 있으며, 측면 길이는 열별로 약간의 차이는 있으나 대략 7.5미터를 유지하고 있다.

④ 요전자腰甸子 24개 돌

요전자 24개 돌 유적은 돈화에서 영안으로 가는 길목인 돈화시 안명호진雁鳴湖鎭 요전촌腰甸村 동쪽 언덕 위 평탄한 곳에 있다. 요전촌에 진입하면 수십여 호의 집들이 들어서 있고, 이 마을이 끝나는 곳에 넓은 들판이 전개되는데 이곳 한가운데에 유적이 있다. 유적의 남쪽으로 도로를 지나 목단강이 남에서 북으로 흘러가며, 북쪽으로는 산이 둘러싸여 있다. 유적 뒤쪽 산에는 발해 시기 성인 '요전자산성성새腰甸子山城城塞'가 있다. 유적 주춧돌 재료는 현무암으로 8개씩 3열로 남북을 향해 배열되어 있고, 남아 있는 주춧돌 숫자는 23개이나 중국에 있는 다른 24개 돌 유적 가운데 상태가 좋은 유적에 속한다. 유적의 정면 길이는 1열이 8.8미터, 2열이 8.83미터, 3열이 8.62미터로 비슷한 길이를 유지하고 있어 주춧돌의 위치 변동은 거의 없었던 것으로 보인다. 유적의 측면 길이는 7.1미터이고, 각 열 중심 거리는 3.5미터를 유지하고 있다.

⑤ 경풍慶豊 24개 돌

경풍 24개 돌 유적은 중국 흑룡강성 영안시寧安市 경박향鏡泊鄕 경풍촌慶豊村 북쪽 250미터 되는 곳에 있고, 남북 세로 방향이다. 현재 남아 있는 주춧돌은 17개이다. 길이 10미터, 너비 7.5미터, 행 사이 거리는 3미터이다. 주춧돌은 사각 혹은 육각형이다. 주춧돌 면은 비교적 평평하게 정돈했다. 지름은 50~65센티미터로 고르지 않다. 평균 높이는 지면에서 65센티미터이다.

⑥ 만구灣溝 24개 돌

만구 24개 돌 유적은 흑룡강성 영안시 경박향 만구촌에서 동남 쪽으로 약 1.5킬로미터 떨어져 있는 개활지 안 높은 언덕 위에 있다. 터의 북쪽은 산봉우리와 약 100미터 떨어져 있고 남쪽에는 약 200미터를 사이에 두고 송을하松乙河가 있다. 북쪽으로는 상경성과 50킬로미터 떨어져 있다. 규모는 동서 길이가 9.3미터, 남북 너비가 7.8미터이다. 주춧돌은 3열로 줄지어 있었는데 매 열 8개씩 있다. 첫째 열과 둘째 열의 주춧돌 간 거리는 2.3미터이고 둘째 열과 셋째 열의 거리는 3.28미터이며, 매 열의 간격은 0.5미터이다. 주춧돌 밑에는 가장자리가 반듯한 기단이 있는데, 높이가 1미터이고 남북 가장자리는 각각 3미터이며 동서 가장자리는 각 5미터이다.

⑦ 흥륭興隆 24개 돌

흥륭 24개 돌 유적은 길림성 도문시圖們市 왕청현汪淸縣 백초구진百草溝鎭 흥륭촌에 있다. 유적은 지세가 비교적 평탄한 개활지에 있는데, 유적 북쪽에는 북에서 남으로 가야하가 흐르고 있으며, 동남쪽으로 1.5킬로미터 거리에는 흥륭고성보興隆古城塞가 있다. 유적 서쪽 약 200미터 되는 곳에는 연길-왕청으로 통하는 옛 도로가 남북으로 뻗어 있다. 흥륭 24개 돌 유적의 정면 길이는 8.68미터, 측면 길이는 7.3미터 정도로 추정되고 있다. 유적은 동서를 정면으로 하고 있으며, 다른 유적과 마찬가지로 현무암의 주춧돌이다. 조사 당시에는 주춧돌이 21개였는데, 지금은 깨진 한 개의 주춧돌 일부만이 남아 있다고 한다.

⑧ 마패馬牌 24개 돌

마패 24개 돌 유적은 길림성 도문시 월청진月晴鎭 마패3생산대馬牌3生産隊 동쪽 주택가 내 마패촌 주도로에서 약 150미터 떨어진 곳에 있다. 유적 북쪽으로 2킬로미터에 높은 산봉우리들이 밀집되어 있고 동쪽에는 유적과 인접해 폭 2미터 정도의 도랑이 있으며, 그 전방 약 1킬로미터 거리에는 두만강이 흐르고 있다. 집이 들어차 있던 관계로 유적은 심하게 훼손되어 있다. 2004년 이전까지 남아 있는 주춧돌 숫자는 18개이지만 제 위치에 있는 것은 개인 집 울타리에 걸쳐 있는 두 개밖에 없었다. 유적이 있었던 자리에는 원래 초가가 있었는데, 당시까지만 해도 유적은 원래 상태를 유지하

24개 돌 유적지

강동 24개 돌 – 돈화시 강남진

관지 24개 돌 – 돈화시 관지진 등승촌

해청방 24개 돌 – 돈화시 관지진 임승향

요전자 24개 돌 – 돈화시 안명호진 요전촌

경풍 24개 돌 – 흑룡강성 영안시 경박향 경풍촌

만구 24개 돌 – 흑룡강성 영안시 경박향 만구촌

흥륭 24개 돌 – 길림성 도문시 왕청현 백초구진 흥륭촌

마패 24개 돌 – 길림성 도문시 월청진 마패3생산대

석건평 24개 돌 – 길림성 도문시 월청진 석건7생산대

송평 구역 24개 돌 – 함경남도 청진시 송평 구역

회문리 24개 돌 – 함경북도 어랑군 회문리

동흥리 24개 돌 – 함경북도 김책시 동흥리

고 있었다고 한다. 유적의 정면 길이는 10미터, 측면 길이는 7.5미
터 정도로 알려져 있다.

⑨ 석건평石建坪 24개 돌

석건평 24개 돌 유적은 길림성 도문시 월청진 석건7생산대石建7生
産隊에 속해 있다. 이 지역은 마패 24개 돌 유적이 있는 월청진 소재
지와 약 6.5킬로미터 거리를 두고 있다. 유적은 석건7대 마을 남쪽
주택가 뒤편 비교적 지대가 높은 언덕 위에 있다. 유적의 500미터
전방에 두만강이 흐르는데 그 맞은편이 북한의 동관리潼關里이다.
지역 주민 말에 의하면 원래는 넓고 평평한 곳이었으나 집을 지으
면서 유적의 모습이 사라졌다고 한다. 이 유적은 중국 내에 있는
아홉 개의 24개 돌 유적 가운데 가장 심하게 파괴되었다. 현재 주
춧돌의 숫자는 다섯 개다. 유적의 주춧돌은 마패 24개 돌 유적과
같은 형태로 다듬어졌으며, 지름은 0.47~0.6미터, 높이는 0.8~0.95
미터이다.

⑩ 송평松坪 구역 24개 돌

송평 24개 돌 유적은 함경남도 청진시 송평 구역에 있었으나 일
제강점기에 파괴되었다.

⑪ 회문리會文里 24개 돌

회문리 24개 돌 유적은 함경북도 어랑군 회문리 소재지에서 서

북쪽으로 약 200미터 떨어진 밭 가운데 있다. 주춧돌은 남북 길이 19.2미터, 동서 너비 13.5미터, 높이 1미터 정도 되는 기단 위에 있는데, 규모는 남북 길이 10미터, 동서 너비 7.8미터이다.

⑫ 동흥리東興里 24개 돌

동흥리 24개 돌 유적은 함경북도 김책시 동흥리 소재지에서 서남쪽으로 400미터 떨어진 곳에 있다. 유적의 동북쪽으로는 남천이, 동남쪽으로는 동해가 흐른다. 주춧돌은 동서 길이 13미터, 남북 너비 9미터, 높이 0.5미터 되는 기단 위에 세 열로 놓여 있는데 현재는 첫째 열에서 세 개, 두 번째 열에 네 개, 세 번째 열에 다섯 개만이 남아 있다. 규모는 동서 11미터, 남북 8미터이다.

유적의 쓰임

24개 돌 유적의 쓰임에 대해서는 크게 일곱 가지의 설이 있다.

첫째는 발해 왕족 시신을 잠시 보관하는 장소였다고 보는 견해이다. 이 주장은 당시 도읍지였던 상경성에서 발해 왕족 무덤들이 있었던 돈화 육정산으로 가는 목단강 유역에서만 24개 돌 유적이 발견되었을 때 제기된 주장이다. 그러나 그 이후 24개 돌 유적이 목단강 유역뿐 아니라 두만강 유역과 한반도 동해안 지방에서도 발견이 되었다. 또한 왕족 무덤은 육정산 뿐이 아니라 영안 삼령분三靈墳, 화룡 용두산에도 있어서 설득력이 낮다.

둘째는 신앙이나 제사와 관련된 유적으로 보는 견해이다. 그 근거로 유적 모양과 구조의 통일, 위치가 배산임수형의 수려한 경관이라는 점, 비교적 넓고 높은 곳에 있다는 점, 주로 주·현 소재지 부근에 있어 제례를 지내는데 편리한 곳에 있다는 점, 마지막으로 유적들이 남향 혹은 동향으로 주변 지형과 산세에 맞게 건물의 방향을 유지하고 있다는 점 등이다. 그러나 유적지 주변에서 제례를 지냈다고 주장할 만한 유물이 전혀 발견된 바 없다. 따라서 위와 같은 주장도 긍정적으로 보기 어렵다.

셋째는 사람들이 숭배하던 종교적인 대상물로 보는 견해이다. 주장의 근거로는 남아 있는 돌의 크기가 주춧돌로 보기에는 너무 크다는 점, 돌과 돌 사이 거리가 0.5미터밖에 되지 않기 때문에 기둥을 세울 수 없다는 점, 돌 밑 기초가 일반적인 방법보다 과중하게 구축되어 있다는 점, 돌 윗면을 가공한 것도 있지만 자연석 그대로인 것도 있다는 점, 길림성 집안 동대자東台子 건물터 정중앙에 있는 큰 돌과 규모가 비슷하다는 점, 돌 숫자가 24개인 것은 동서남북 24방을 상징했을 것이라는 점 등이다.

넷째는 주요 도로변에 있는 것으로 보아 역참이었다고 보는 견해이다. 지금까지 가장 많은 관련 연구자들이 이 견해에 동의하고 있다. 이와 같은 견해는 어느 정도 설득력 있는 주장이다. 다만 역참을 다락식으로 할 필요성에 대해서는 의문이 든다. 유적 주변 대부분 건축물은 땅에 접해 있는 접지식 지상 건축물이다. 역참이라면 겨울철 난방이 문제가 된다.

다섯째 발해 왕실의 기념성 건축물이었다고 보는 견해이다. 그 근거로 지금까지 발견된 24개 돌 유적이 형태, 구조, 크기가 거의 비슷하다는 점을 든다. 실제로 중앙정부가 직접 관여되지 않은 건축물이라면 여러 가지 면에서 차이가 날 수밖에 없었을 것이다. 건축물의 쓰임새가 무엇이냐를 떠나 정부 관여 아래 지어진 건축물임에는 틀림없다. 여기에 덧붙여 궁전, 관청, 사찰이었다고 보는 견해가 있는데 이러한 주장은 가능성이 희박하다. 12개 유적 주변에는 이와 더불어 있어야 할 부속 건물 흔적이 보이지 않기 때문이다.

여섯째 건조실이었다고 보는 견해이다. 2011년 최근에 제기된 주장이다. 근거로는 첫째, 바닥에서 일정 높이만큼 떨어져 있어 통풍이 잘되며, 짐승의 피해를 막을 수 있다. 둘째, 동북 지역에서는 음식물을 장기간 놓아둘 상황이 안 되므로 건조된 음식을 먹는 것이 보편적이었다. 셋째, 발해 사회는 모계 사회를 이루었는데, 유적 규모가 일정 모계 사회 단위에서 공동으로 관리하기에 적합한 크기라는 것이다. 이러한 주장은 공적 공간으로서 건조실의 가능성도 충분히 있다고 본다. 다만 건조실로만 보기에는 기초와 주춧돌이 너무 과하다는 문제가 있다.

마지막으로 창고였다고 보는 견해이다. 근거로는 네 가지를 들고 있다. 첫째, 함경북도 김책시 동흥리에서 발견된 24개 돌 유적 주위에서 곡물과 관계된 도구가 다량 발견되었다. 둘째, 고구려 고분벽화에서 보이는 '부경桴京'과 같은 구조로 되어 있다. 셋째, 12

개 유적 모두 다락집에 24개의 주춧돌을 사용했으며, 여러 면에서 매우 유사하다. 넷째, 모든 유적이 주요 도로변에 있다.

발해 역관과의 관련성

현재까지 발해 역관驛館 유적은 확인되지 않았다. 일부 연구자는 '24개 돌' 유적을 역관으로 생각한다. 그러나 24개 돌 유적은 발굴 조사가 행해지지 않았기 때문에 성격이나 연대 등이 명확하지 않다. 24개 돌 유적 부근에는 발해 성터 혹은 마을 유적이 분포하고 있는데, 이들 유적이야말로 역관으로서 이용되었을 가능성이 크다. 왜냐하면 우선 24개 돌 유적이나 그 부근의 발해 성터는 대부분이 발해의 주요 간선도로 연안에 위치하는데, 소수의 대형 성터를 제외하고는 대다수가 둘레 500미터 정도의 소형 성터이다. 성터 부근에는 발해 마을 유적이나 무덤떼도 있고, 성터 간의 거리는 15~50킬로미터이다. 성터 부근의 마을 유적은 역참과 관련된 사람들이 거주하던 것으로 추정된다. 다음으로 당나라의 사례를 보았을 때, 역관 안에는 여러 부속 건물이 있어야 하는데, 24개 돌 유적은 하나의 건물 유구이므로 그러한 역할을 하지 못했을 가능성이 크다. 따라서 발해의 주요 교통로 선상에 있는 둘레 500미터 정도의 성이 역관의 역할을 했을 것으로 생각된다.

교류와 갈등의 공간, 속초

역사 기록을 살펴보면, 동해東海는 여러 호칭으로 불렸다. 당나라 이전에 나온 중국 고지도나 문헌에서 한반도 동부 해역은 별다른 호칭 없이 단순히 '해海' 또는 '대해大海'로 표기되었다. 『당회요唐會要』 등에는 '소해少海' 혹은 '소해小海'로 기록되었다. 원나라에서 일시적으로 '경해鯨海' 혹은 경천해로 불리다가 명나라와 청나라에 와서 '동해東海'라 불렸다. 문헌에서 '동해'라는 호칭을 살펴보니 송나라와 요나라부터 청나라에 이르기까지 중국 사서에 기본으로 사용되고 있었다. 유명한 위원魏源의 『해국도지海國圖志』에도 '동해'라는 명칭이 등장한다. 본래 중국 문화에는 바다에 고유 명사를 붙이는 전통이 없었기 때문에 일반적으로 '대해', '소해' 혹은 방위에 따라 '동해', '남해' 등으로 불렀다. 현재의 황해와 동중국해 등을 합친 바다를 '동해'라 불렀음을 알 수 있다.

한국은 '동해'라는 호칭을 중국보다 먼저 사용했던 것 같다. 물론 여기서의 '동해'는 한반도의 동해를 가리킨다. 최초로 '동해'라는 이름이 나타난 역사 문헌은 『삼국사기』이다. 고구려 본기의 시조 동명성왕의 기록 가운데 '동해'라는 이름이 나온다. 서력으로 기원전 59년에 해당한다. 즉, '동해'는 삼국 건국 이전부터 사용하던 호칭이 되는 셈이다. 광개토왕비에도 이 호칭이 나온다.

그렇다면 발해인들은 현재의 동해를 어떻게 불렀을까? '북해北海'라 불린 예가 있다. (발해의 사신인) 발해사渤海使와 교류한 한시漢詩를 수록한 『경국집經國集』(일본 헤이안시대 초기인 덴초天長 4년(827년)에 편찬된 한시집)과 같은 문집이나 혹은 일본 측 자료에서 확인할 수 있다. 이는 상대적인 방위 관념에 기초한 호칭이다. 일본 승려 구카이空海처럼 "발해와 일본은 땅이 남북으로 나눠져 있고, 사람은 천지天池로 떨어져 있어⋯⋯"라고 해서, 동해를 '천지'로 표현한 예도 있다. 그래도 발해가 있던 당시, 일본 기록에 나오는 '북해'는 일본을 기준으로 한 방위 관념이 반영된 명칭으로 봐야 할 것이다.

따라서 『삼국사기』와 광개토왕비, 그리고 발해 시기 방위 개념 호칭 등으로 볼 때 고구려시대부터 동해라고 불렀다고 봐도 무방할 듯하다.

속초의 발자취

1963년 시로 승격되기 전까지 속초 지역은 대부분 양양에 속했고, 현재의 장사동은 간성군에 속했다. 속초 지역은 고구려와 신라의 영향권으로 두 나라 간 정복 전쟁의 결과에 따라 지명이 변했던 곳이다.

고대사 사서에서는 강원도 동해안 지역을 '예濊'로 불렀다. 이 지역은 한사군의 지배를 벗어나면서 군장 사회로 발전한 것으로 보인다. 강릉의 하슬라국, 삼척의 실직국, 울릉도의 우산국이 그 예이다. 이 군장 사회들은 서쪽으로 준령이 가로놓였고, 동으로 동해에 인접했다는 지형 특성으로, 비교적 안정적인 세력을 유지할 수 있었다. 그러나 이 군장 사회들은 고대 국가로 성장하지는 못했다. 지형 특성이 안으로 안정을 이루게 했지만, 밖으로 세력을 팽창하기에는 극복하기 힘든 난관이었기 때문이다.

고구려, 백제, 신라가 고대 국가로 성장하면서 동해안 지역의 군장 사회들은 고구려에 영유領有되었다. 이런 사실은 각종 문헌 자료에서 공통으로 파악되며, 관련 기사는 아주 단편적으로 영유된 사실만을 전한다. 고구려가 한사군을 축출하면서 고대 국가로 성장했다고 이해한다면, 고구려가 이런 한사군 축출 과정에서 동해안 지역의 군장 사회들을 영유했다고 짐작된다. 고구려에 복속된 양양의 명칭은 익현현翼峴縣(또는 이문현伊文縣)이었다. 간성의 고구려 때 이름은 수성군㳝城郡(일명 가라홀加羅忽)이었다.

고구려가 장악했던 동해안 지역의 영유권은 점차로 신라로 넘어간다. 이러한 변화는 신라가 팽창 정책을 펴면서 동해안 지역이 고구려와 신라 사이의 격전장이 되고 있음을 시사한다. 동해안을 따라 북상하는 신라의 진출은 6세기 초반에 본격화된다. 물론 그 이전에 벌어진 전쟁도 북방 진출을 의미하지만, 505년(지증왕 5) 이사부를 실직주 군주로 임명한 것이 신라 북방 진출의 서막이었고, 신라 군주제의 시작이었으며, 북방 진출의 비중과 의지를 시사하는 대목이다.

실직군주로 부임한 이사부는 6년 후인 511년(지증왕 12)에 주치州治를 하슬라, 즉 강릉으로 옮겼다. 치소治所의 이전은 전략 기지의 전진 배치를 의미한다. 치소를 옮기던 해에 (신라가) 나무 사자를 이용해 우산국을 복속했다. 이 사실은 주치의 이전이 갖는 의미를 잘 보여 준다. 이렇게 신라는 북방 진출에 뛰어들었고 마침내 진흥왕 대에 이르러 순수비, 즉 마운령·황초령 비로 상징되는 강역을 확보하게 된다.

이렇듯 강원도 동해안 지역은 일찍이 고구려가 영유했다가, 5세기 말에서 6세기 초반에 신라가 팽창 정책을 펼치며 북방으로 진출하면서 신라에게 복속되었다. 특히 6세기에 접어들어 신라는 중앙에서 외관外官을 파견해 행정적으로 (지방을) 편제시켰다. 동해안 지역 역시 이런 신라의 체제 정비에 따라 국가 제사처가 설정되었다. 중사中祀 한 곳(삼척의 비예산)과 소사小祀 세 곳(간성의 설악, 고성의 성악, 울진의 발악)이 설정되었다. 중사를 지내는 장소에서는 바다에 제사를 올렸고, 소사를 지내는 곳은 산제를 올렸다.

신라도를 통한 교류

발해와 신라의 첫 교섭 시기는 700년(대조영 고왕 2)경이었다. 이러한 사실은 최치원이 당의 소종昭宗에게 보낸 편지에서 확인된다. 그는 '사불허북국거상표謝不許北國居上表'에서 발해에 관해 "처음 거처할 고을을 세우고서는 우리에게 와서 이웃으로서 도와줄 것을 청했기에, 그 추장 대조영에게 비로소 신의 번국의 제5품인 대아찬의 벼슬을 주었다."라고 하고 있다. 이를 통해 발해가 건국한 후 신라에 사신을 파견했음을 전해 준다. 이러한 발해 건국기의 교섭은 성공적이었다. 실제로 신라는 대조영에게 대아찬을 주는 형식을 취함으로써 발해 건국을 인정하는 명분을 세웠고, 발해는 그들이 목적했던 나당 연합군의 접근이 현실화되지 않음으로써 새 왕조 건설의 안전을 보장받았다.

이러한 남북국의 우호 관계는 발해국의 기틀이 어느 정도 확립되면서 깨져 갔고, 결국 당과 신라가 연합하고, 일본과 발해가 서로 연합했으며, '당-신라'와 '일본-발해'가 서로 대립했다. 발해 문왕 말기인 790년(신라 원성왕 6)과 812년(헌덕왕 4)에 두 차례 신라에서 발해로 사신을 파견하면서 두 나라는 짧은 교섭을 했다. 그러나 발해 선왕의 즉위(818년)와 함께 발해와 신라는 다시 대립했고, 이러한 과정에서 거란의 세력이 강해졌고, 남북국은 마지막 교섭 시기를 맞게 된다. 911년경 발해가 신라에 이어 후삼국의 고려 등에 도움을 청했다. 신라와 고려 등은 발해를 돕겠다고 약속하지만, 남북 대립의 분위기는 오히려 거란을 돕는 결과를 가져왔다.

현존하는 문헌 자료상 남북국의 공식적인 교섭에는 대립의 측면이 많이 보인다. 그렇다고 해서 발해가 존속했던 200년이 넘는 기간에 처음에 관계가 좋았을 때와 8~9세기 즈음에 평화로운 교섭과 대화를 할 수 있었던 일부 시기를 제외하면, 발해와 신라 양국은 계속 대치나 대항 상태에 있었고 반면에 발해와 일본 사이는 시종 선린 우호 관계에 있었다고 보는 것은 문제가 있다. 왜냐하면 전쟁 역시도 '적극 교섭'의 하나로 상정할 수 있기 때문이다. 삼국의 항쟁을 삼국통일 과정의 하나로 받아들인다면, 남북국의 대립 관계 역시 '남북국시대'로 볼 중요한 단서가 된다.

문제는 발해와 신라의 관계에 관한 기록이 거의 없다는 것이다. 그렇다고 남북의 교섭이 전혀 없었던 것은 아니었다. 특히 피지배 주민들의 경우에는 교섭이 있었다. 남북국이 교섭했다는 기록이 『삼국사기』에 분명히 남아 있고, 발해에서 신라로 통하는 '신라도'가 있었기 때문이다. 신라도에 대해서는 다음과 같은 기록들이 나온다.

용원부의 동남쪽은 바다인데 일본으로 가는 길이다. 남해부는 신라로 가는 길이다. 압록부는 조공하러 가는 길이다. 장령부는 영주로 가는 길이다. 부여부는 거란으로 가는 길이다. (『신당서』 권219, 북적열전 발해)

발해국의 남해, 압록, 부여, 책성 4부는 모두 고구려의 옛 땅이다. 신라 천정군으로부터 책성부까지 39개의 역이 있다. (『삼국사기』 권35, 지리지, 가탐賈耽 고금군국지古今郡國志)

위의 첫 번째 사료는 발해의 대외 교통로를 설명하는 중에 남해부가 신라도였음을 언급한다. 두 번째 사료에서는 책성부에서 신라 국경인 천정군까지 39개의 역이 있었다고 하며, 신라도를 좀 더 구체적으로 설명한다.

연구에 따르면, 신라도의 설치 시기를 4세기 무렵 고구려가 이용한 교통로에서 그 연원을 찾기도 한다. 국내성에서 두만강 하류에 이르는 동해로東海路를 그것으로 보았다. 이외에 8세기, 특히 문왕 대 전기로 파악한 견해가 있다. 그 근거로, 757년에 쌓은 탄항관문에 주목했는데, 이 관문은 이미 721년에 쌓은 장성에 기초했다. 나아가 탄항관문 축조를 계기로 그 이전과 달리 신라와 발해는 교섭을 활발히 했을 것으로 보았다.

한편 신라도 기록이 실린 책의 서술 시점을 근거로, 신라도가 9세기 중엽까지 신라와 발해 양국 간 상설 교통로로서 존재했었다고 보기도 한다. 『삼국사기』에 인용된 가탐의 『고금군국지』는 당시 중국을 왕래하던 외국 사신들의 견문을 참고로 간행된 지리서로서 상당히 신빙성이 있다고 보인다. 『구당서』 가탐열전에 의하면, 『고금군국지』는 801년(당 덕종 정원 17)에 간행되었다. 이것으로 볼 때 9세기 초반까지만 해도 양국은 신라도를 매개로 빈번하게 왕래했음을 짐작할 수 있다. 또한 『신당서』의 발해 관련 서술은 장건장張建章의 『발해국기渤海國記』를 참고한 것이다. 장건장은 유주절도사의 막하에 있던 833년(문종 태화 4) 발해에 사신으로 부임했다가, 835년(태화 9)에 귀국한 뒤에 『발해국기』를 저술했다. 따라서 760년 전후에 개통된 신라도는 9세기 중엽까지 양국 간 상설 교통로로서 존재했다고 할 수 있다.

결국, 신라도는 발해 때 설치한 교통로에 그치는 게 아니라, 이미 그 이전 고구려 시기부터 동해안의 주요 교통로로서 중요한 위치를 점했음을 알 수 있다. 이 길은 삼국시대에 진흥왕이 황초령과 마운령에 대한 순수巡狩를 마치고 비열홀比列忽(안변), 달홀達忽(고성), 하슬라何瑟羅(강릉), 실직悉直(삼척), 거벌모라居伐牟羅(울진)를 거쳐 경주로 남하하던 길이었으며, 남북국시대에는 신라 사신 백어伯魚와 숭정崇正이 발해와 교섭을 위해 사명을 띠고 북상하던 길이다.

발해와 신라 간 민간 교류

장인長人은 그 키가 세 길이나 되고, 톱니 이빨에 갈퀴 손톱에다 검은 털이 온몸을 덮고 있다. 화식을 안 해서 새나 짐승을 날로 물어뜯으며, 간혹 사람을 잡아먹기도 한다. 부인을 얻으면 의복이나 만들게 한다. 그 나라의 산은 수십 리가 연결되어 있는데, 입구의 골짜기에 튼튼한 쇠문을 만들어 달고 관문關門이라 한다. 신라는 이곳에 항상 노사弩士 수천 명을 주둔시켜 지킨다. (『신당서』 권220, 열전145, 동이 신라)

위의 장인 설화에 대해 여러 설이 있으나 대체로 신라와 발해의 대립 관계를 묘사하는 자료로 보고 있다. 특히 일본 학계는 양국의 군사적 긴장 아래서 신라 동북 변경의 발해 영역민에 대한 신라인의 인식을 나타냈다고 해석하고, 장인 설화를 신라와 발해가 일상적 교섭이 적었던 데다가 군사적 긴장이 가해지면서 형성된 신라인의 환영幻影 소산이라고 보았다. 이에 대해 최근에 장인 설화가 역사적 사실을 반영한다고 하더라도 발해인과 직결시키기는 어렵고, 상식적으로 실존하는 국가를 이렇게 괴기한 이미지로 묘사했을 리는 없다고 보아, 장인 설화를 달리 해석하기도 한다.

필자도 이에 동의하며, 이들 장인은 발해에 의해 신라의 동북경으로 옮겨진 흑수말갈 등의 여러 부족이라고 생각한다. 앞에서도 말했듯이, 예로부터 이 지역 거주자는 예족濊族이었다. 733년 발당 전쟁 이후 (그리고) 당과 신라의 관계가 현상 유지로 귀결된 이후, 발해는 동북과 서북 방면으로 팽창해 나갔다. 동류 송화강 중류의 납입하拉立河 유역의 철리말갈과 동류 송화강 하류의 흑수말갈 등을 복속시키고, 북류 송화강 하류와 눈강嫩江이 만나는 합류 지점의 동편 일대에 거주하던 실위족의 한 부족인 달고족達姑族을 병탄했다. 발해는 이들을 병탄한 후 일부 집단을 발해 남부인 신라와 국경 지대에 강제 이주시켰다. 신라인들은 경계를 접하며 오랫동안 친근했던 예족을 대신해 낯선 풍모의 북부 말갈족과 돌연 접하게 되었다. 특히 장인 기사에 나오는 습속이 발해 성립 이전에 있던 물길(勿吉, 송화강 유역에 거주하던 부족)이나 말갈, 흑수말갈의 습속과 유사함에 유의해야 한다.

  이후 발해의 국력이 약해진 9세기 말에 이르러 신라의 기록에
이들이 등장한다. 886년(헌강왕 12)에 북진北鎭에서 보고하기를, "적
국인이 와서 나무판을 걸어 놓고 돌아갔는데, 거기에 '보로국寶露國
과 흑수국黑水國 사람이 함께 신라국과 화통하기를 원한다'라고 쓰
여 있다."라고 했다. 보로국과 흑수국은 위에서 언급한 집단들이
다. 10세기에 들어 발해의 통제력이 와해되면서 이들의 활동이 활
발해졌다. 이들의 일부는 신라 해안가를 노략질했고, 일부는 고려
와 교류하면서 관계를 맺었다. 후삼국 통일 전쟁의 최후 결전인
일리천一利川(구미) 전투에서 흑수·철리·달고 등의 9천 5백기가 고
려군에 가담해 참전하기도 했다. 이후 이들 말갈-여진 부족들은
고려에 공납을 바치며 평화적 교역을 하기도 하고, 일부는 바다로
나가 동해안 지역을 노략질하기도 했다.

  신라도를 통한 민간 교섭의 사례로는 우선 발해 박씨의 사례를
들 수 있고, 다음으로 견직물의 교류를 들겠다. 발해의 남부와 동
부에서 산누에를 길러 고치로부터 실을 뽑아 솜을 만들어 각종 주
綢(주단綢緞이라고도 하며 비단의 일종)와 주紬(명주)를 짰다. 그중에서도
남경남해부의 옥주는 유명한 풀솜 생산지였다. 풀솜은 뽕나무에
나는 산누에의 고치에서 실을 켤 수 없는 허드레 고치를 삶아서
늘여 만든 솜으로, 명주 비단이 생산되는 곳이면 어디나 풀솜이
생산되었지만 옥주의 풀솜이 가장 질이 좋았던 듯하다. 또한, 상
경용천부의 용주龍州는 솜 실로 짠 주紬가 유명했다. 용주에서 주의

속초시립박물관(위)과 발해역사관(아래)

생산은 발해 지배 계급의 강한 수요에 연유했다. 옥주에서 생산되는 주원료인 면의 양으로는 부족해서 외국 산물을 수입하는 데 힘을 쏟기도 했다. 이처럼 원료를 자체적으로 해결하지 못하고 외부 수입에 의존함에 따라, 더 나은 품종이나 더 많은 수량을 확보하는 데 제약이 컸다고 추정된다. 이렇게 볼 때 견직물이 발해가 수입한 품목 중에 가장 중요한 지위를 점했다고 볼 수 있다. 그 수입선은 견직의 본고장인 중국은 물론 멀리 일본에까지 이르렀다. 발해역사관이 있는 속초는 남북국시대 교류와 갈등의 공간이었다.

경산 발해 역사 마을의 유래

경상북도 경산시 남천면 송백2리에는 발해 역사 마을이 있다. 이곳에는 발해를 건국한 대조영의 직계 후손인 영순 태씨의 집성촌이 있다. 이렇게 경산시에 '발해마을'이 있다는 사실은 잘 알려지지 않았다. 발해마을은 행정명으로도 국가에서 인정하고 지원하는 이름이다. 한국인은 신라와 백제뿐만 아니라 고구려와 발해 후손이다. 발해 후손임을 확인하고 체득할 수 있는 역사 유적으로 발해마을은 그 의미가 크다. 발해 유민은 많은 연구가 이루어졌지만, '발해마을'과 관련한 서술은 거의 없는 실정이다. 그렇다면 어떻게 해서 대조영의 후예가 경산에 오게 되었을까?

발해 유민의 한반도 정착 과정

거란은 926년 발해를 멸망시킨 뒤 수도인 상경용천부 지역, 홀한성에 새로이 동란국東丹國을 세웠다. 동란국의 왕은 거란 태조 야

발해 역사 마을 회관

율아보기의 맏아들 야율배耶律倍였다. 동란국은 발해 유민 일부가 고위 관직에 임용되었다고 하더라도 발해 유민이 세운 나라는 아니며 거란의 괴뢰국에 불과했다. 이 나라는 926년 2월에 세워져 2년 정도 있다가 928년 12월 중심지를 요양遼陽으로 옮기면서 사실상 독립국의 기능을 잃었다. 거란이 동란국을 세운 것은 옛 발해 지역의 주민을 쉽게 통치하려는 데 목적이 있었다. 이로부터 발해 유민은 금나라 초기까지 200여 년간 요동 지방을 중심으로 자취를 남기다가 서서히 중국 속으로 흡수되어 갔다. 일부는 요나라 또는 금나라 지배층으로 들어갔고, 일부는 이들 지배에 저항하면서 부흥 운동을 일으켰다.

학자들은 이전의 발해와 구분해 새로이 등장하는 발해를 이른바 '후발해後渤海'라 칭하고 있다. 후발해의 건국 연대는 정확하지 않다. 발해 멸망 후 처음으로 발해 사신이 등장하는 926년으로 볼 수도 있으나, 926년의 사신은 발해 멸망 전의 사신으로 봐 고정사

高正詞가 발해 사신으로 후당後唐에 갔던 929년으로 볼 수도 있다. 멸
망 연대 역시 정확하지 않아 10여 년 정도 존속하다가 정안국定安國
에 흡수되었다는 견해와, 1003년, 1007년, 또는 1114년까지 존속했
다는 견해 등 여러 의견이 있다. 중심지 역시 명확하지 않다. 발해
수도였던 상경용천부였다는 입장과 압록강 유역이라는 견해로 나
뉘진다.

정안국 역시 건국 시기, 멸망 시점, 중심지, 건국자, 통치 세력
변화 등 어느 하나의 문제도 쉽게 해결되지 않고 있다.『송사』정
안국전定安國傳에는 정안국의 왕이 처음에는 열만화烈萬華였다가 나중
에는 오현명烏玄明으로 바뀌어 등장하고 있는데, 이는 어느 시기에
열씨에서 오씨로의 정권 교체가 이루어졌음을 의미한다. 그런데
991년에 정안국 왕자의 이름이 태원太元으로 되어 있어 정권이 다
시 다른 성씨로 바뀌었음을 알 수 있다.

여러 기록을 종합하면 정안국의 건국 시기는 970년 이전으로 설
정할 수 있다. 970년(개보 3)에 처음으로 정안국의 왕인 열만화가
여진 사신을 통해 송에 표表(외교 문서)와 방물을 바치고 있는 데서
추론할 수 있다. 970년 이전이라 하더라도 발해 멸망 후 오래지 않
아 성립되었다는 견해와, 935년에서 937년에 이르는 어느 시기에
성립되었다는 견해, 3천여 호를 거느리고 고려로 항복해 들어온
박승朴昇의 기사에 주목해 938년으로 보려는 견해 등 다양하다.

멸망 시기는 985년 거란 성종의 여진 정벌 무렵에 정안국도 같
이 멸망되었다고 보는 게 일반적이다. 그렇지만『송사』정안국전

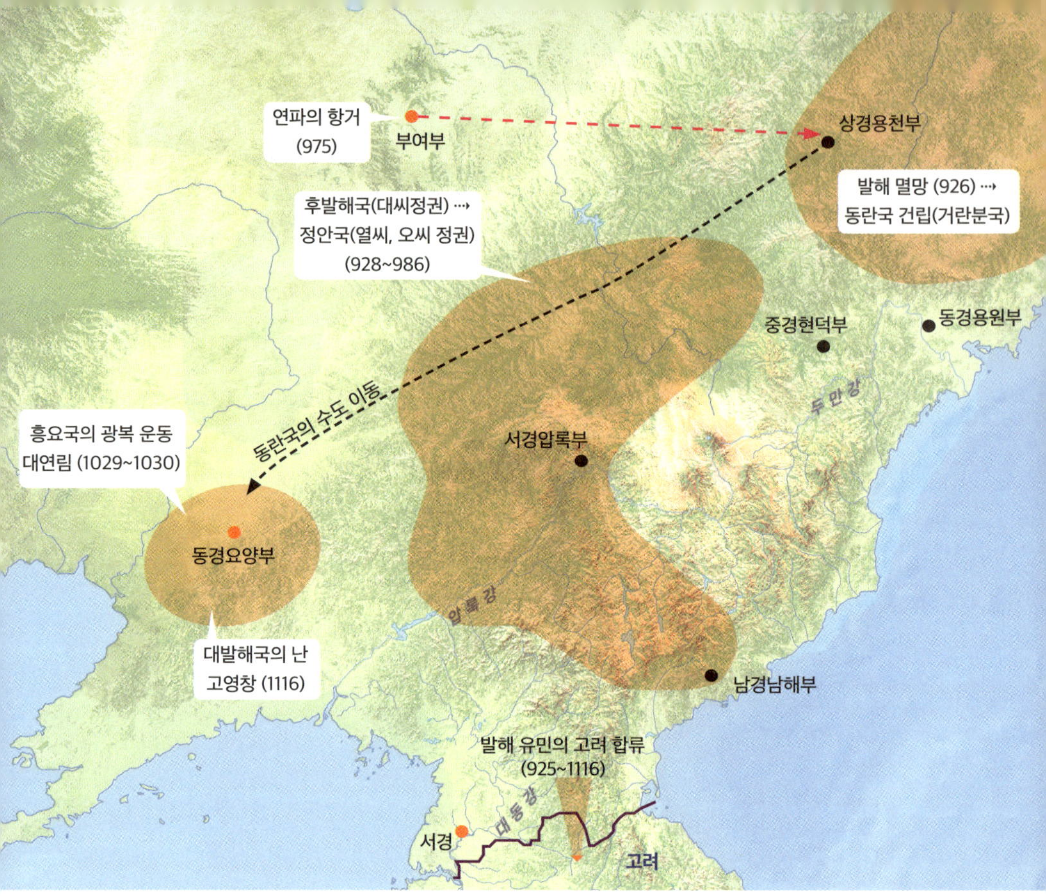

발해 유민의 부흥 운동

끝에 왕자 태원이 여진 사신에게 부탁해 마지막으로 표를 올린 것이 991년이고, 『고려사』 현종세가에 의하면 정안국 사람 골수骨須가 고려에 투항한 게 1018년이다. 이러한 기록들을 고려하면 멸망 시기는 더 늦게 잡을 수도 있다. 어느 기록을 따르냐에 따라 길게는 30년이 넘는 시차가 발생한다.

발해 유민들은 11세기 초 요동을 중심으로 흥요국興遼國이라는 이름 아래 부흥 운동을 전개했다. 흥요국은 거란제국의 황금기인 성종 9년(1029년)에 동경요양부 대장군 대연림大延林에 의해 건국되었다. 『고려사』 권5 현종세가 20년 9월 조에는, "거란의 동경장군 대연림이 대부승 고길득高吉得을 보내어 건국을 알리고 아울러 구원을 요청하였다. 대연림은 발해 시조 대조영의 7대손으로 거란을 배반하고 일어나서 국호는 흥요, 연호는 천흥이라 하였다."라는 기록이 있다. 여기서 중요한 것은 대연림이 발해 왕실의 후손이라는 점이다. 고려 측에서 이 사실을 어떻게 알았는지는 분명하지 않으나 아마도 흥요국에서 고려에 구원을 요청하러 온 사신들을 통해 알았을 것이다. 대연림이 대조영의 7대손이라면 흥요국은 발해 왕조의 부흥을 꾀했던 것으로 볼 수 있다. 국호를 '흥요興遼'라 한 것은 예부터 중요하게 여기던 요동 지역을 다시 찾고 나라를 부흥시킨다는 의미로 보이며, 흥요국의 부흥 운동이 일어나게 된 직접적인 원인은 거란의 발해 유민에 대한 가혹한 경제적 수탈에서 비롯된 듯하다. 이러한 흥요국의 부흥 운동은 오래가지 못했는데 1029년 8월부터 1030년 8월까지 만 1년 동안 지속되었다.

흥요국 붕괴 후 많은 발해 유민들이 요양 지방을 떠나 다른 지방으로 강제 이주되었지만, 이 지역의 발해 유민들은 그래도 상당수가 남아 있었다. 이 지역을 중심으로 1116년(거란 천조제天祚帝 천경天慶 6) 정월에 발해 유민 고영창高永昌이 다시 '대발해국大渤海國'을 세워 발해국의 부흥을 꾀했다.

발해가 멸망한 지 190년이 지나서 거사한 고영창도 처음에는 여느 발해의 지배층 유민들과 같이 거란에 협조하던 발해 후손이었다. 그러나 거란이 여진 아골타阿骨打의 공격을 받고 붕괴해 가던 무렵, 그는 아골타 무리를 물리치기 위한 기회를 포착했다. 당시 거란 황제였던 천조제가 그에게 발해무용마군渤海武勇馬軍 2천을 모집해 요양부遼陽府 부근의 백초곡白草谷을 지키도록 명했는데, 그는 이 기회를 활용해 발해 부흥국을 세웠다. 고영창은 당시 동경유수東京留守 소보선蕭保先에 대해 반감이 있는 발해 유민들을 선동해 1116년 정월에 그의 거사에 호응한 발해 병사 8천 명으로 동경요양부를 점령하고 스스로가 대발해국 황제에 즉위해 융기隆基라는 연호도 사용했다.

대발해국은 그들이 발해 부흥 왕조를 세운 지 10여 일 만에 요동의 50여 주를 석권하는 위세를 떨쳤으며, 고영창은 한때 거란과 심주瀋州(지금의 선양)에서 공방전이 벌어지는 사이 신흥 금나라와 협상도 하는 등 유리한 상황에 있었다. 그러나 고영창은 황제를 고집하는 등 경직된 협상을 벌이다가 결렬되자 오히려 금나라 군대에 의해 참살되면서, 대발해국을 통한 부흥 운동 또한 실패하고 말았다.

결국 발해국의 부흥 운동은 모두가 실패로 돌아갔다. 발해의 옛 지역이 거란의 지배 아래 들어가면서 그들 자신이 발해국을 광복하겠다는 의식도 상당히 약화되어, 흥요국과 같이 단지 현실적 이해관계에서 발해의 부흥을 외쳐 댈 뿐이었다. 그러나 이보다 85년이 지난 고영창의 부흥 운동은 그 국호에서도 볼 수 있듯이 흥요국보다 매우 적극적이었다.

고려시대의 발해 유민

이러한 발해 유민 가운데는 고려로 망명해 와서 한국사의 한 부분을 이룬 부류도 있다. 이들은 멸망 직전부터 고려에 들어왔고 부흥 운동이 좌절될 때마다 피신처를 찾아 망명해 왔다. 발해 유민의 고려 유입은 925년 9월에 장군 신덕申德 등 500명이 투항한 것을 필두로 1117년 정월에 발해인 52명이 투항하기까지 200년 가까이 지속되었다. 발해인의 투항 기록은 30회 이상인데, 망명 시기는 발해 멸망 전후인 920~930년대, 979년, 1030년대, 1116~1117년의 네 시기에 집중되었다. 또 망명 인원도 10여만 명에 달했다. 고려시대 인구가 210만 명 정도라는 것을 고려하면 적지 않은 인원이 망명했음을 알 수 있다.

고려시대 발해 유민 가운데 고려로 망명한 이로는 934년 7월에 망명한 세자 대광현大光顯도 있다. 그는 수만 명을 이끌고 왔는데, 고려 태조는 그에게 왕계王繼라는 성명을 내려 왕씨 종실로 대우했다. 또 원보元甫 위계를 내리고 백주白州를 지키게 해 제사를 받들게 했다. 이 밖에도 대씨 성을 가진 왕실 인물이 다수 있으니, 925년에 망명한 예부경禮部卿 대화균大和鈞, 사정司政 대원균大元鈞, 공부경工部卿 대복모大福謨, 좌우위장군左右衛將軍 대심리大審理, 928년에 망명한 대유범大儒範, 1030년에 망명한 대도리경大道李卿, 1031년에 망명한 대도행랑大道行郎, 1032년에 망명한 대광大光이 있다.

또한 고려에 망명해 직접 활동하거나 아니면 망명자의 후손으로서 활동한 인물로는 993년 거란 침입에 맞서 싸운 중랑장 대도수大道秀, 1010년에 거란 침입에 전사한 대장군 대회덕大懷德, 1181년 모반을 경대승에게 알린 영사동정令史同正 대공기大公器, 최씨 무인 정권의 측근으로 활동해 낭장에서 수사공守司空에까지 오른 대집성大集成, 1253년 및 1259년 몽골군에 군공을 세운 우봉별초교위牛峯別抄校尉 대금취大金就, 1268년에 등장하는 주영뢰周永賚의 처 대씨, 1249년에 죽임을 당한 최항의 계모 대씨, 1277년 환관이었던 대수장大守莊이 있다. 이밖에 1201년에 공부시랑으로 금나라에 사신으로 간 태수정太守正도 있다.

이상의 발해 유민들의 사회적 지위는 일부 학자의 견해와는 달리 그렇게 낮지 않았음이 규명된 바가 있다. 발해 유민 후예가 가지고 있던 관직이 무관직이 많다고 해서 이들의 사회적 지위가 낮지 않았다는 점, 과거 합격자에 대한 기록이 없고『고려사』열전에 입전된 인물이 없다고 해서 지위가 낮지 않았을 것이라는 점, 그리고 발해 유민 후예에 대한 차별 의식과 대우가 어디에도 발견되지 않았다는 점이 지적되었다. 또한 발해 유민 후예 중 어느 특정인이 비록 천민 집단에 거주했다고 가정하더라도 이를 일반화시켜 지위가 낮다고 보는 것은 잘못이라고 했다. 그리고 고려 후기 원의 간섭기에 발해사를 한국사에서 지우려는 의식이 뚜렷하게 나타나고 있는데, 이와 관련시켜도 발해 유민 후예가 고려 사회에서 처한 지위가 낮았다고 볼 수는 없다고 했다.

이처럼 고려 시절 다양한 삶을 살았던 대씨들이 확인되었지만,

대광현을 비롯한 발해 왕실과 연관성을 밝혀 주는 자료는 없는 실정이다. 다만 조선 중기 권문해가 편찬한 『대동운부군옥大東韻府群玉』에서 영순 태씨에 대해 "고려 때 영순부곡 촌민에 태씨 성을 가진 자가 있었는데, 적을 잡은 공이 있어 부곡에서 현으로 승격되었고, 드디어 토성이 되었다. 전해 오기를 그 선조는 발해 국왕의 성씨였고 고종 때 태집성이 대장군이 되었는데, 태씨의 시작이 여기에서 출발한 것이 아닌가 여겨진다."라고 설명하듯이, 영순 태씨 선조가 발해 왕실 성씨였음을 밝히고 있어 주목된다. 이는 16세기 후반 영순 태씨에 대한 일반적인 인식을 잘 보여 주고 있는 셈이다. 『대동운부군옥』은 당시 성씨 관련 자료로는 매우 신빙성 있는 사료로 인정받고 있고, 편찬자 자신이 영순과 바로 이웃한 예천 출신이다. 특히 영순 태씨가 배출한 조선조 명현 태두남과 그 후손들이 예천에 이주해 살았고, 서로 인척으로 얽혀 있다는 점에서 내용의 신빙성을 더한다.

영순 태씨의 성립과 변천

『고려사』에는 이처럼 대씨로 주로 나오지만, 태수정처럼 태씨로 표기된 경우가 있는가 하면, 대집성은 대 자와 태 자가 섞여 나오기도 한다. 이런 사실로 보건대 고려시대에 이미 대씨와 태씨가 따로 있었고 때로 혼용했다고 보인다. 사실 대大와 태太는 같은 의미를 지닌 글자이므로 고문헌에 서로 바꿔 쓰는 사례가 많다. 협계 태씨 족보에는 대광현이 고려에 들어왔을 때 발해 패망을 가련히 여겨 태를 성으로 내렸을 것이라고 했으나, 근거가 없는 단순 추정이다. 이렇게 대 자와 태 자를 혼용하다가 조선시대에 이르러 대씨가 태씨로 정리된 것으로 보인다.

오늘날에도 국내에 태씨와 대씨가 있는데, 대다수는 태씨이고 극히 일부에 대씨가 있다. 2015년 통계청 인구 주택 총조사 자료에 따르면, 태씨는 9,063명이 있고, 대씨는 646명이 있다고 한다. 태씨는 14개의 본관이 있는데, 영순永順이 가장 많고, 그다음으로 협계陜溪, 남원南原 순으로 되어 있다. 대씨는 밀양密陽이 대부분인데, 족보에는 홍요국왕 대연림의 후손 대탁大鐸을 중시조로 삼고 있다.

태씨 족보인 「정사보서丁巳譜序」에 보듯이 태씨는 협계와 영순을 중심으로 한다. 고려 고종 때에 몽골과 전쟁에서 나란히 공을 세운 대금취와 대집성이 각각 영순군永順君과 협계군陜溪君에 봉해진 것을 계기로 해서, 이들을 중시조로 해 영순 태씨와 협계 태씨의 계보가 시작되었다. 영순은 지금의 경북 상주이다. 협계는 족보에 충북 옥천이라고 적혀 있으나 황해도 신계로 여겨진다. 태씨이건 대씨이건 간에 대조영의 아버지 걸걸중상을 공통으로 시조로 삼고 있다.

협계를 조금 살펴보면, 황해도 우봉현이 매우 유력하게 떠오른다. 대광현이 처음 정착했던 백주白州를 중심으로 한 서북 지역 발해 유민들이 거란의 침입으로 크게 붕괴했을 것이다. 그 결과 백주에서 생활 근거지를 잃은 대씨들이 이웃 고을인 우봉으로 삶의 터전을 옮긴 게 아닌가 한다. 백주에는 더 이상 대씨가 살았다는 흔적이 나타나지 않는데, 우봉 지역이 대씨의 활동 무대였기 때문이다.

우봉은 고려 후기 최대 문벌로 부상했던 최충헌 가문이 족세를 누리던 지역이었다. 그런데 대집성은 우봉 최씨와 밀접한 연관을 가진 인물이다. 대집성 딸이 최충헌의 며느리였기 때문이다. 따라서 대집성은 우봉 출신일 확률이 높다. 우봉현에 이웃한 여러 고을 중에는 협계라는 곳이 있다. 이리하여 대집성은 협계군으로 봉군되었고, 우봉에서 살던 대씨들은 협계로 이주했을 것으로 보인다.

이후 조선 조 1396년(태조 5)에 협계俠溪와 신은新恩 두 고을을 합쳐 신은현新恩縣으로 개칭했고, 1445년(세종 27)에 두 고을 명칭에서 한 글자씩 따는 관례에 따라 신계군新溪郡으로 변경되었다. 이렇게 되어 고려시대에 존재했던 협계현은 완전히 사라지게 되었다. 남쪽으로 이주한 대씨들은 그 후 어느 시기에 '협계俠溪'를 현재 사용하는 본관인 협계陜溪로 표기한 게 아닌가 한다. 일족을 모으고 족보를 편찬하는 과정에서 주로 호남 지역에 정착한 태씨들이 협계를 본관으로 하고, 대집성을 중시조로 연결했을 가능성이 크기 때문이다.

조선시대에 들어와 협계 태씨 6세손인 태응진太應辰이 남원에 옮겨 거처하면서 호남에서는 협계 태씨, 영남에서는 영순 태씨가 세거했다. 또 태응진의 증손인 태맹례太孟禮가 남원에서 함경도 명천

明川으로 유배되어 가자 그곳에서 고향을 따서 남원파를 이루었으니, 지금의 남원 태씨의 출발점이 되었다.

『세종실록지리지』에는 태씨에 대해 상주 영순현, 황해도 우봉현 망성亡姓, 강원도 통천군 속현 임도臨道의 망입성亡入姓으로 소개하고 있는데, 특히 임도 태씨 아래에는 귀화성이란 주가 달렸다. 입성이란 토성이 존재하지 않은 원산만에서 대동강 이북 지역을 대상으로 개척한 땅에 새로 이주해 온 성씨인데, 망입성이란 그 이주 성씨였던 입성이 없어져 버렸다는 의미가 있다. 따라서 고려시기 태씨들은 우봉·영순·통천(임도) 등 세 곳을 본관으로 해서 살았음이 분명하지만, 조선 초기에는 영순 태씨만 본관지를 지키고 있었다.『대동운부군옥』에서 영순 태씨만 소개하고 있는 것도 그러한 이유이다.

그런데도 영순 태씨와 협계 태씨가 각각 대금취와 대집성을 중시조로 하는 태씨의 양대 산맥을 이루고 있다. 남원 태씨가 있지만, 조선조 단종 때 함경도 길주로 유배된 태맹례(협계군 대집성의 9세손)를 시조로 한다. 따라서 남원 태씨는 협계 태씨에서 분적한 계파이다.

2009년에 종친회에서 협계 태씨와 영순 태씨를 통합하기로 결의하고, 대광현이 봉해진 백주를 통합 본관으로 삼아 각각 협계군파와 영순군파로 정했다. 백주는 황해도 배천白川으로서, 우리말로 배주라 하지만 이보다는 어감이 나은 백주로 읽기로 했다.

그렇다면 경산 발해마을은 언제 형성되었을까? 일반적으로 17

세기 들어 전란의 피해를 복구하는 과정에서 양반들의 향촌 지배는 더욱 공고해졌다. 특히 주자가례朱子家禮의 보급과 정착으로 향촌 사회 내 종법 질서가 확립되면서 생활 방식은 조선 전기와 명확히 구분되었다.

임진왜란 당시 경산·하양·자인현은 왜군의 주요 진격로였던 까닭에 피해가 컸다. 이로 인해 읍세를 유지하기 어렵다는 이유로 경산현은 하양현과 함께 1601년(선조 34) 대구부에 합속되었다. 이후 1607년(선조 40)에 다시 독립된 현으로 되기까지 감영의 물력을 지원했다.

한편 조선 전기 이래로 경산·하양현의 토성이 강력한 족세族勢를 갖지 못함으로써 이곳에 사림이 거의 존재하지 않았다. 이때 다른

경산 발해 역사 마을을 찾은 구난희, 윤재운, 이병건, 정석배 교수(왼쪽부터)

지역에서 이주해 온 성씨들이 주도권을 장악했고, 또 이주해 온 성씨들이 임진왜란 당시 적극적인 의병 활동을 통해 재지적 기반을 확고하게 형성했다. 여기에 대구부와 통합 이후 새로 이주해 온 사족들이 합류하면서 이들 타관 사족들에 의해 전후 복구 사업이 추진되었다. 자인현의 경우 오랫동안 경주의 속읍으로 존재하면서 기존 토성들의 사족화가 어려웠다. 이들은 대개 사족으로 성장하지 못하고, 향리층을 구성하다가 주읍 토성에 흡수되거나 후세에 개관改貫하기도 했다고 짐작된다.

1933년에 간행된 『경산군지慶山郡誌』를 보면 경산·자인·하양은 인근 대구·청도·밀양·영천·의성·경주에서 온 이주가 활발했는데, 그 결과 경산에는 78개, 자인에는 55개, 하양에는 31개의 성씨가 늘어났다. 기존의 토성 중에는 옥산 전씨만이 확인된다. 경산시 남천면 송백리 발해마을도 경산의 이러한 일반적인 상황으로 볼 때, 임진왜란 전후에 형성되었을 가능성이 크다.

4장

일본으로 가는 길

- 동부 네트워크

일본도의 노선과 여정

일본도日本道는 발해에서 일본으로 가는 길로, 육로와 해로로 되어 있다. 육로는, 상경에서 알아하구嘎呀河口까지의 구간은 압록도와 같고, 그곳에서 두만강 하곡河谷을 따라 동경(팔련성)에 이른다. 이어서 동경에서 동남쪽으로 약 4킬로미터 내려가고, 러시아 연해주 핫산 지구에 크라스키노성(발해 시기의 염주鹽州)에 도착해서 끝이 난다. 크라스키노성은 일본도 해로의 항만 시설이 있었다. 발해 사절은 이곳에서 동해를 횡단해 일본으로 출발했다.

일본도의 육로 구간

발해 상경성에서 동경과 크라스키노성에 이르는 도로는, 지금의 영안 발해진에서 훈춘 팔련성에 이르는 노선과 기본적으로 같다. 즉, 지금의 상경에서 상마하上馬河를 따라 남하해 합이파령哈你巴嶺을 지나 길림성 왕청현 알아하嘎呀河 유역의 발해 유적을 따라 남하

상경에서 도문, 도문에서 크라스키노 구간 →

상경
동경성
마하
영안시
홍운
춘양
석성
행복
낙타산
중대천
천교령
왕청현
돈화시
반성
대흥구
왕청
동광
용천평
석현
동흥
경영
송림
경수
밀강
훈춘시
연길시
반령구
영안성
합달문
팔련성
마천자
삼가자
석두하자
고성
장령자
러시아
북한
크라스키노
토성
화룡시

한다. 이어서 왕청현 춘양진春陽鎭 석성촌石城村 서북의 석호고성石湖古城, 대흥구진大興溝鎭 묘령廟嶺 남쪽 8리의 반성半城·왕청진 동북 2리의 하북고성河北古城·신흥향新興鄉 용천평龍泉坪 고성을 지난다. 그리고 도문시圖們市 석현향石峴鄉 동남쪽 2리에 있는 동흥촌東興村 발해 유적·곡수채대曲水寨隊 발해 유적·석현진石峴鎭 하북河北 발해 유적·홍광향紅光鄉 벽수촌碧水村 서쪽의 발해 유적에 이른다. 도문시에서 두만강을 따라 동쪽으로 가서, 양수진涼水鎭 북쪽 20리에 있는 정암촌亭岩村 북산北山 위의 정암산성亭岩山城·밀강고성密江古城을 지나 훈춘 팔련성(발해 시기의 동경東京)에 이른다.

발해 고성과 유적의 분포를 보면, 고금의 도로는 서로 같다. 상경에서 동경에 이르는 노선은, 현재의 철로·국도 노선과 기본적으로 같다. 훈춘 팔련성에서 석두하자石斗河子를 따라 동쪽으로 가서, 석두하자고성石斗河子古城을 지나 다시 동쪽으로 가서, 장령자산長嶺子山 입구를 지나면 러시아 경내로 진입하고, 다시 거록하車鹿河를 따라 동쪽으로 가면 포시에트만 북안 암저하구岩杵河口의 모구외毛口崴에 도착하는데, 러시아가 크라스키노로 이름을 바꾸었다. 이곳이 바로 발해 동경용원부가 관할하는 네 개의 주 가운데 하나인 염주의 소재지이다. 이곳에서 바다로 나가 일본으로 출발했다.

일본도의 해로 구간

발해에서 일본으로 가는 항로는 동해횡단항로東海橫斷航路, 한반도

동단항로韓半島東端航路, 북회항로北回航路의 세 가지 설이 있다. 동해횡단항로설은 포시에트만과 함경북도 경성鏡城 두 곳을 출항지로 해서 동해를 횡단해 노토能登, 가가加賀, 산인山陰을 목표로 한다고 한다. 데와出羽나 에미시蝦夷 지역에 도착한 것은 항로를 잘못 따라서 표류했다고 해석한다.

한반도동단항로설은 견당사遣唐使의 항로도航路圖중에 '발해로渤海路'로서, 쓰루가敦賀에서 산인을 거쳐 한반도 동단을 북상해 남경남해부南京南海府에 이르고, 두만강 하구 주변에 상륙해 발해의 수도를 거쳐 장안에 이르는 경로를 주장했다. 이 설의 배경에는 전기 견당사가 한반도 서해안을 따라 북상해 산둥반도에 이르는 '북로北路'를 취하다가, 후기 견당사가 규슈에서 동중국해를 횡단해 강남에 이르는 '남로南路'로 변천하는 과정에 다수 조난자가 나왔는데, 발해로의 항로도는 비교적 안전한 한반도 동쪽을 항해한다는 추측에서 나왔다. 이 설에는 발해선이 목표로 한 곳은 도읍에 가까운 쓰루가이고, 데와나 에미시 지역에 도착한 것은 잘못 표류한 결과로 생각했다.

북회항로설은 두만강 하구나 연해주 지방 남부에서 북상해 사할린 부근에서 동해를 횡단해 사할린 혹은 홋카이도를 거쳐 혼슈에 도착하는 경로이다. 북회항로설은 발해 사절이 데와와 에미시 지역을 목표로 항해한다고 보는 점에서 동해횡단항로설, 한반도동단항로설과 다르다. 발해 사절이 데와나 에미시 지역을 목표로 한 배경으로 당시 항해 기술을 들거나, 7세기 말갈과 에미시의 교

고구려와 발해의 도일 항로

역 활동을 고려했다. 이 설은 데와와 에미시 지역에 갈 때는 북회항로를 이용했고, 호쿠리쿠北陸나 산인으로 갈 때는 동해횡단항로를 사용했다고 보았다.

한국 학계에서는 우선 동해북횡단항로, 동해북부사단항로, 동해횡단항로, 연해주항로로 분류한 바가 있다. 이 중 연해주항로는 홋카이도 지역과의 교류 항로로 이용되었다고 보고 있지만, 일본 학계의 북회항로설처럼 그곳으로부터 호쿠리쿠로 남하해 양국 교류 항로로 연계되었다는 견해에 대해서는 소극적이다. 북부횡단항로는 두만강 하구나 포시에트만에서 출항해 일본 동북부의 데와 등지에 도착하는 항로를 말하며, 북부사단항로는 남해부에서 출항해 일본의 쓰루가, 가가 등지에 도착하는 항로를 가리키고 있다. 동해횡단항로는 발해 영역 내 항구로부터 출항해 남으로 내려와 일본의 산인 등지에 도착하는 항로로 추정하고 있다.

발해1300호의 항해를 통해 발해 해상 항로 복원과 발해인들이 일본으로 건너갈 때 울릉도와 독도를 항해의 중간 기착지로 활용했음을 실증적으로 증명한 성과도 있다. 이를 통해 발해와 일본 사이의 항로로, 표류로 인해 데와에 도착한 동해북부표류항로, 동해북부횡단항로, 발해 연안-울릉도-오키-월전항로 세 가지를 제시했다. 특히 항해 구간 대부분을 근해 항해로 항해할 수 있는 발해 연안-울릉도-오키-월전항로가 발해인들이 가장 선호한 항로로 보았다.

한편 중국 학계에서는 북부항로, 츠쿠시항로, 남해부항로로 구분하고, 츠쿠시항로와 남해부항로는 단 1회씩만 사용하고 줄곧 북부항로를 이용했다고 보고 있다. 상대적으로 800년 전후기의 변화는 그다지 주목하지 않고 있다.

이상의 발해와 일본 사이의 항로 연구를 종합해 보면 크게 봐서 다섯 가지의 유형으로 정리될 수 있다. 연해주항로 그리고 그것을 연장한 북회항로이다. 이 항로를 발해와 일본의 공식 외교 창구로 이용했는가에 따라 북회항로의 포함 여부는 갈라진다. 다음으로는 동해횡단항로로, 일본 학계에서는 이를 시기별로 나누되 별도의 다른 용어를 사용하지 않지만, 한국 학계에서는 후기의 항로를 사단 항로로 명명해 구분 짓고 있다. 이외에 동해연안항로가 있다. 어떤 항로를 주로 사용했는가에 따라 시기별 항로 이용에 대해서도 이견을 보인다. 동해횡단항로 주장자들은 전기, 후기의 항로를 구분하고 있다. 전기(727~819년)에는 동경용원부東京龍原府를 출발해 일본의 호쿠리쿠 동쪽에 도착하는 항로를 이용하다가 후기에 와서는 남경남해부를 기점으로 해서 산인과 호쿠리쿠 지방에 도착한 것으로 보았다. 한편 북회항로를 주장하는 측에서는 초기에는 주로 북회항로를 사용하다가 후기에 와 새로운 항로를 숙지함에 따라 점차 헤이안쿄平安京와 가까운 지역인 산인 등 남쪽 지역에 도착하게 되었다고 본다.

연안항로 주장자들은 항로 변화 문제까지 자세히 다루지는 않았으나 호쿠리쿠 지방의 표착을 극복하고 안정적 도착이 가능하게 된 원인으로 연안항로를 주장하고 있음을 고려해 보면 후기에 와서 이 항로를 사용한 것으로 보고 있다고 하겠다. 혹자는 (일본으로 보낸) 초기 발해 사절이 동북 지방에 도착했던 것은 신라와의 관계가 극히 긴장 관계였으므로 동해 북부를 출발해 일본의 동북 지방 데와로 향했던 것이며, 후대에 와서 산인 등 남쪽 지역으로 도착하는 이유는 일본이 신라, 당과의 공식적인 교류가 연이어 차단되자 발해는 이러한 공백을 십분 활용해 교역의 범위를 확장했다고 보았다.

이상의 논의를 보면 동해횡단항로를 지지하는 경우는 계절풍을 이용한 항해에 비중을 두고 있지만, 연안항로를 지지하는 경우는 안전성과 함께 해류의 영향에 비중을 두고 있다. 그러나 양자가 결코 어느 하나만으로 귀결될 수 있는 것 같지는 않다. 왜냐하면, 겨울을 이용한 일본 파견(일본사의 귀국), 여름을 이용한 귀국(일본사의 발해 파견)으로 보아 일상적 항해는 계절풍을 이용했을 가능성이 크다. 반면 해상 조난 사고를 보면 대개 도착 지점에서 이루어지는 경우가 많은데, 이는 도착 지점에서 직면한 해류에 의한 조난일 가능성이 크다고 판단되기 때문이다. 따라서 항로의 변화와 항해 상황을 이해하기 위해서는 여러 요소를 동시에 고려해 둘 필요가 있다.

이상의 견해에서 필자는 북회항로설, 즉 초기에는 주로 북회항로를 사용하다가 후기에 와 새로운 항로를 숙지함에 따라 점차 헤이안쿄와 가까운 지역인 산인 등 남쪽 지역에 도착하게 되었다고 보는 것에 동의한다. 특히 이 견해는 6세기 후반 고구려의 대왜 교섭부터 발해 멸망 후까지 한반도 동북 지방과 러시아 연해주 지방이 일본과 어떻게 교류했는지 그 양상을 설명할 유일한 견해로 생각된다. 발해 사절단의 도착 지역의 분석을 통해, 발해선이 목적지를 정해 왕래했다는 점, 그리고 가가와 노토에 가장 많이 도착한 점은 발해 건국 이전 고구려 사절단이 일본으로 가는 항로와 같다는 것이다. 나머지 두 가지 설은 발해의 대일본 초기 교섭을 항해의 미숙이나 항로 설정의 오류로 보았지만, 고구려 시기부터 내려온 대왜 교섭을 고려하면 발해가 고구려의 대일 항로를 계승했다고 보는 게 타당해 보인다.

일본과의 교류 중심지, 동경

동경의 정식 명칭은 동경용원부東京龍原府로, 발해 5경 중 하나이다.
3대 문왕 대에 수도를 상경에서 동경으로 옮겼고, 성왕이 즉위해
다시 상경으로 천도할 때까지 발해의 수도였다. 동경의 위치는 길

중국과 러시아 국경 관문

림성 훈춘琿春의 팔련성八連城으로 보는 게 정설이다. 훈춘은 고대 북옥저(옥저)로 고구려가 북옥저를 정복하고 치구루置溝婁를 한자로 음차해 책성柵城이라고 했다. 발해 때는 동경용원부였고, 발해 멸망 이후로는 여진족들이 살았다. 현재 훈춘은 중국, 북한, 러시아의 접점에 있으면서 극동의 물류 중심지로 부상하고 있다.

고구려시대의 책성

책성은 고구려 동북부의 요충지였다. 435년 장수왕 대에 고구려를 방문했던 북위의 사신 이오李傲는 "고구려의 동북 영역이 책성柵城을 경계로 하고 있다."라고 기록했다. 책성이란 이름의 연원과 관련해 북옥저北沃沮의 다른 이름인 치구루置構婁와 관련지어 비교해 보자. '구루溝婁'는 곧 '성城'을 일컫는 고구려말로, 치구루는 치성置城으로 책성의 음과 통하는 것으로 이해된다. 그러나 책성의 축성 시기는 정확히 알 수 없고, 문헌에는 태조왕이 서기 98년과 102년 두 차례에 책성을 순수한 기록이 처음이다. 또 217년에는 한漢나라의 평주平州에서 망명한 하요夏瑤 등 1천여 가를 책성에 안치安置시켰다는 기록이 있다. 이렇듯 책성은 고구려 초기부터 매우 중요하게 여겨졌던 곳이다.

한편 광개토왕廣開土王이 410년(영락 20)에 정벌한 동부여東夫餘의 수도인 '여성餘城'이 책성이라는 견해도 있다. 고구려 후기에도 책성에는 도독都督, 즉 욕살褥薩이라는 최고의 지방관이 파견될 정도로

고구려 시기 책성의 위치. 연길 인근 세 개 성과 훈춘 인근 팔련성

동북부 지방 통치의 중심지로서 기능했다. 후기의 책성 도독으로는 「고자묘지高慈墓誌」에 보이는 고량高量을 들 수 있다.

책성의 위치는 두만강 하류 지역임은 분명한데, 보다 구체적으로는 훈춘의 온특혁부성溫特赫部城이나 살기성薩其城으로 비정하는 게 일반적이다. 이 경우도 온특혁부성 일대에 초기 책을 만들었다가 뒤에 방어력이 뛰어난 살기성을 축조했다고 보는 설과, 온특형부성 일대를 책성으로 비정해 고구려가 두만강 일대 최동단 지역의 지배 거점으로 삼았다고 보는 설로 나눠진다.

그러나 '고구려 책성'과 '발해 책성'의 위치를 구분해 중국 연길延吉의 성자산산성城子山山城, 토성촌토성土城村土城(하룡고성이라고도 부름), 흥안고성興安古城을 함께 합해 이루어졌다고 보기도 한다. 이들 산성 모두 고고학적 발굴 결과, 유물이나 성벽 구조 등에 있어 고구려 산성으로 밝혀졌다. 이외에도 발해의 동경용원부東京龍原府와 같은 곳으로 파악해 훈춘 팔련성으로 보는 견해가 있었는데, 이 경우 고구려 때 유물이 전혀 출토되지 않았다는 문제가 있다.

동경의 위치 비정 문제

발해 동경의 소재지에 대해서는 여러 주장이 있었다. 안정복은
『동사강목』에서 봉황성鳳凰城 일대로 비정했다. 정약용은『강역고』
에서 동경을 봉황성으로 비정하는 것을 비판하고 오늘날 종성鍾
城으로 보았다. 한치윤은『해동역사』에서 경성부鏡城府로 비정했다.
한진서도『해동역사속』에서 경성鏡城과 부령富寧 등지로 보았다. 이
들의 견해는 특별한 근거가 있는 것은 아니었다. 이후 요시다 도
고吉田東伍는 두만강 경흥慶興설을 주장했으며, 도리이 류조鳥居龍藏는
우수리스크설을 제기했다. 이 밖에 북한 학계는 함경북도 청진시
청암 구역 내에 있는 부거리富居里 지역을 동경용원부로 보았다. 이
렇듯 다양한 주장이 있지만, 현재에는 도리야마 기치鳥山喜一와 진위
푸金毓黻에 의해 주장된 '동경용원부=팔련성'설이 널리 받아들여지
고 있다.

팔련성이 발해 시기 동경용원부로 비정되며, 이와 관련된 내용
이『신당서』발해전에서 발해의 행정 구역과 천도 과정을 기술하
는 가운데 보인다. 이에 따르면, 정원貞元 연간(785~805년)에 상경
에서 동경으로 수도를 옮겼으며, 성왕 대 다시 동경에서 상경으로
천도했다. 발해는 5경京 15부府 62주州로 이루어졌으며, 동경은 예맥
의 옛 땅에 두었고, 용원부라고 부르며 경주慶州, 염주鹽州, 목주穆州,
하주賀州를 담당했다고 한다.

'경주慶州'는 용원부의 수주首州로 팔련성 내에 위치했다. '염주鹽

州'는 용하군龍河郡이라고도 부르는데, 그곳에서 생산되는 소금에서 그 이름을 얻었다. 지금의 크라스키노성이다. '목주穆州'는 회농군會農郡이라고도 부른다. 목주의 소재지에 대해서는 용정현龍井縣 선구산성船口山城, 사제성沙齊城, 경원鏡源 설이 있다. '하주賀州'는 길리군吉里郡으로 불린다. 혼춘시 춘화향春化鄉으로 보는 견해가 있으나 확실하지 않다.

팔련성의 명칭과 구조

팔련성은 지린성 훈춘시 영안진 훈춘시원종장琿春市原種場 안에 있는 발해 동경용원부 소재지로, 반랍성半拉城, 고토성古土城, 팔뢰성八磊城, 팔루성八壘城 등으로 불렸다. 『증정길림지리기요增訂吉林地理紀要』에 의하면, "서쪽으로 훈춘현 치소와 15리 떨어져 있다. 가로 세로가 각각 250장이고, 사방에 문이 하나씩 있다. 안에는 자성子城이 일곱 개가 있다. 북쪽 외벽 안과 자성의 북쪽에 가로로 놓은 담당이 있는데, 옛날에는 북대성北大城이라고 불렀다. 일곱 개의 성과 합치면 여덟 개가 되므로 팔련八連이라 불렀다."라고 한다.

성 동쪽 6킬로미터 지점에 훈춘 시가가 있고, 서쪽 2.5킬로미터 지점에 두만강이 흐른다. 훈춘하琿春河 충적 평야 지대에 속해 주변 지세가 평탄하고, 멀리 산들이 둘러싸고 있는 형세이다.

성은 방형方形에 가까우며, 외성과 내성으로 구성되어 있다. 남북향을 하면서 동쪽으로 각도 10도 정도 틀어져 있다. 흙으로 판

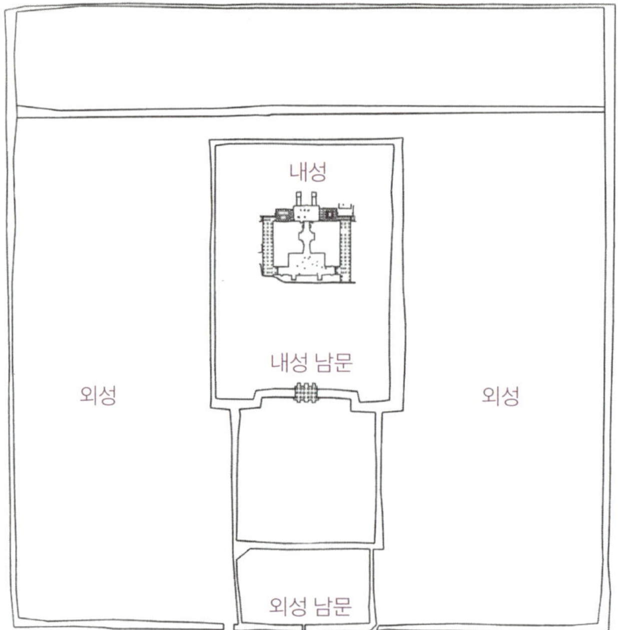

팔련성 항공 사진과, 팔련성 유적 평면도

축해 쌓은 외성은 4벽 중간에 문지가 하나씩 있고, 성벽 밖에 해자 흔적이 남아 있다. 성 안은 대부분 논으로 경작되고 있다.

성 내부는 크게 네 개 구역으로, 작게는 여덟 개 구역으로 나뉘어 있는데, 내성은 한가운데 구역에 해당한다. 내성은 장방형長方形으로 남벽 가운데 부분은 안쪽으로 5미터 정도 들어와 있다. 내성 안에는 궁전 기단이 남아 있고, 그 위에 주춧돌이 흩어져 있다. 그 주위에서도 건물지와 회랑지가 발견되었다.

팔련성도 다른 발해 성과 같이 외성과 내성으로 이루어졌다고 보는 것이 일반적이다. 그러나 현재 발굴 상태에서 바깥 부분을 외성으로 하고 내부에 여러 개의 구역을 나눠 내성으로 보는 것에 대해서는 다른 견해들이 있다. 현재 팔련성의 외성이라고 볼 수 있는 성의 밖으로 다른 성곽의 흔적이 있어 이것을 외성으로 보기도 한다. 따라서 현재 팔련성은 내성이고 성 밖의 성벽 흔적이 외성이라고 보기도 한다. 또한 현재 팔련성의 남아 있는 성 크기를 상경성과 비교해 보면 상경성의 궁성 부분보다도 작아 현재의 팔련성을 내성 또는 궁성으로 볼 수 있는 가능성이 있다.

성에서는 화살촉의 무기류, 처마 기와, 수막새 기와, 괴면 등의 건축 부재, 석제 불상, 토제 불상 등의 불상이 출토되었다. 특

발해 팔련성지 인근에서 발견된 이불병좌상(복제품).

히 석가와 다보를 함께 안치한 이불병좌상二佛並坐像이 특징적으로
발견되었다.

팔련성은 상경용천부로부터 신라 방면으로 가는 중요한 길목이
자, 일본으로 가는 기점으로서 대외 방어의 전진 기지와 교류 거
점으로서 중요한 역할을 했다.

발해 동경의 위상

팔련성은 훈춘하 충적 평야 지대의 서쪽 끝 지점으로 훈춘시 성
에서 서쪽으로 약 7.5킬로미터 떨어진 삼가자향三家子鄉에 소속되어
있으며, 이 성의 서쪽 3.5킬로미터 지점에는 두만강이 북쪽에서
남쪽으로 흐르고 있다. 이곳의 지세는 평탄하고 주위에는 여러 산
이 둘러싸고 있으며 동남쪽으로 동해에 맞닿아 있어 신라, 일본과
해상교통에 적합한 지역이었다.

팔련성 주변의 산성으로는 훈춘하 상류 쪽인 북서쪽 도문 부근
에 정암산성享岩山城이 있고, 동북쪽에 살기성이 있고, 그 북쪽에 농
평산성과 도원동남산성이 있고, 팔련성 동남사터東南寺廟跡, 신생사
터新生寺廟跡 등의 절터도 있다. 또한 훈춘평원의 북부 25킬로미터 정
도 거리에 축조되어 있는 장성長城(변장邊牆)도 서고성을 에워싸고
있는 '고변장古邊牆'과 마찬가지로 동경용원부의 방위를 고려해 축
조된 것으로 짐작된다. 이 장성의 동쪽 끝에는 거대한 살기성이
있다.

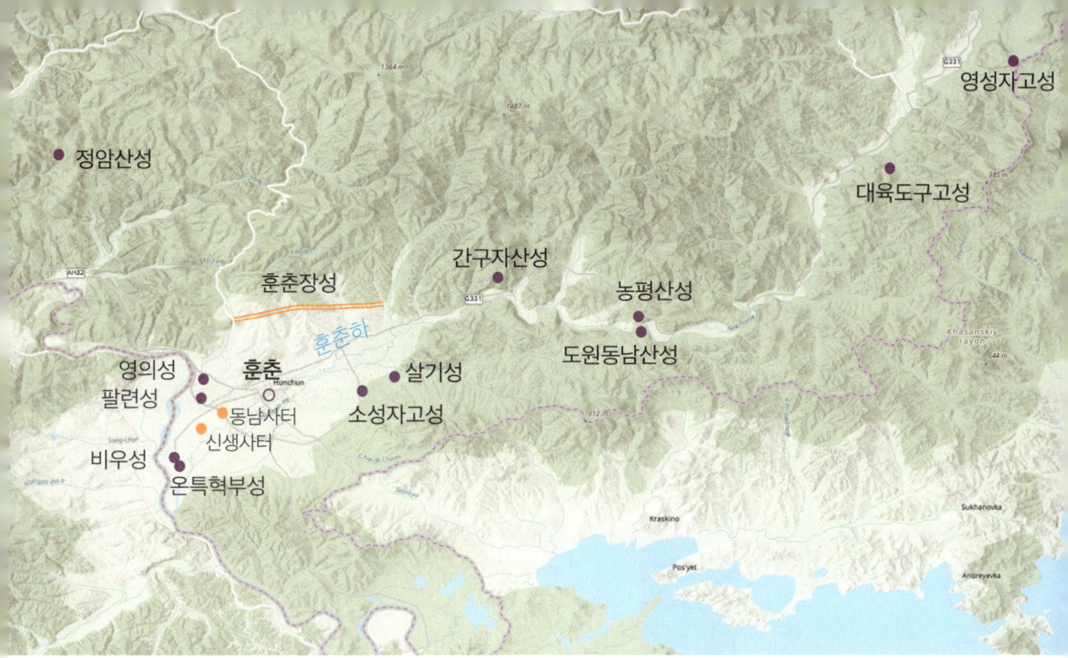
영성자고성
정암산성
대육도구고성
간구자산성
훈춘장성
농평산성
훈춘하
도원동남산성
영의성
훈춘
Hunchun
살기성
팔련성
소성자고성
동남사터
신생사터
비우성
온특혁부성
Khasanskiy rayon
Kraskino
Sukhanovka
Pos'yet
Andreyevka

동경 근처 유적 분포도

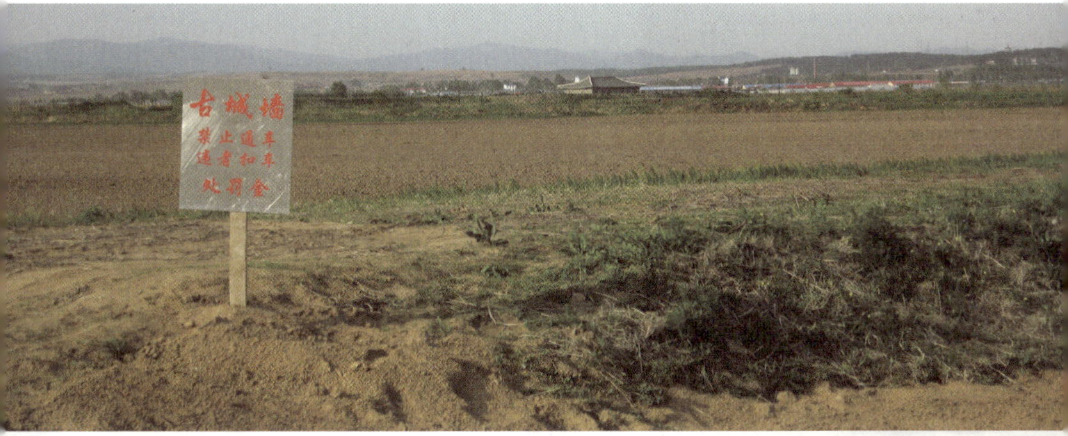
古城墙
禁止通车
违者扣车
处罚金

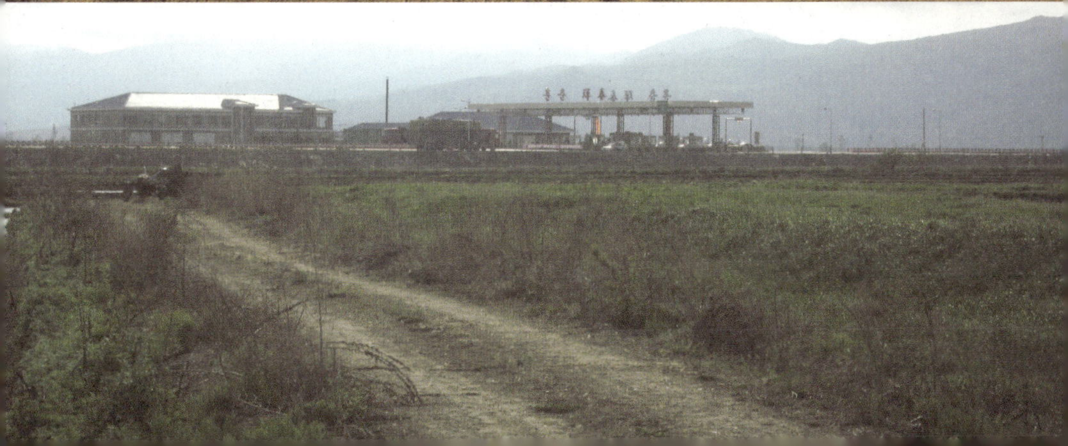

살기성 망대와 살기성에서 본 전경,
표지판

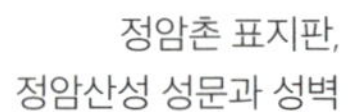

정암촌 표지판,
정암산성 성문과 성벽

그런데 팔련성 주변의 방위 시설은 주로 동북쪽의 훈춘하를 따라 배치되어 있다. 즉, 동북쪽이 팔련성을 위협하는 지역이라는 의미가 된다. 위협하는 주체는 말갈일 것이다. 동경용원부는 북의 동녕東寧에서 수분하 연안의 우수리스크, 다시 흥개호興凱湖 남부 등, 현재의 러시아 연해주 지방으로 진출을 의도하고 설치된 것이다.

팔련성은 일본으로 이어지는 발해 동부 네트워크와 신라로 이어지는 남부 네트워크의 허브이자 지금의 러시아 연해주 일대로 진출하고자 하는 전진 기지였다.

발해 사절단의 출발지, 크라스키노성

크라스키노성은 러시아 연해주 하산 지구 크라스키노 마을 남서
쪽에 있다. 성이 있는 지역은 두만강에서 북으로 60킬로미터 떨
어져 있고, 훈춘에서는 동으로 40킬로미터 거리에 있다. 지금도
이 지역은 훈춘에서 러시아 연해주, 북한과 연결되는 교통의 요
지이다.

러시아와 북한이 맞닿은 국경

크라스키노의 발자취

크라스키노 지역의 역사는 발해로부터 시작한다. 발해는 727년 (무왕 8)부터 919년(마지막 왕인 대인선 13)까지 모두 34회에 걸쳐 일본에 사신을 파견했는데, 일본으로 떠나는 출항지가 바로 발해시대 염주鹽州인 크라스키노성이었다. 『신당서』 발해전에 "예맥의 옛 땅으로 동경東京을 삼고 용원부龍原府 또는 책성부柵城府라 하였고, 경慶·염鹽·목穆·하賀 네 개 주를 거느리게 하였다. 용원의 동남쪽은 바다에 접했는데 일본으로 가는 길이다."라고 나온다. 발해 시기의 동경이 훈춘의 팔련성이므로, 동경에서 동남쪽에 있는 곳이자 바닷가에 접했으므로 염주가 크라스키노성임을 알 수 있다. 아울러 크라스키노성 주변을 흐르는 추카노프카Tsukanovka강이 과거에 얀치헤岩杵河로 불리고 있었는데, 중국어로 염鹽과 암岩이 같은 발음임

러시아의 하산역

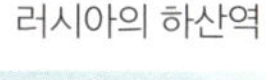

을 봐도 크라스키노성이 염주임이 확실하다.

러시아는 1860년 베이징 조약에 따라 시베리아 연해주를 점유한 뒤 이 지역을 개척했다. 최초로 러시아 연해주로 이주한 한인들은 경흥의 13가구로서, 이들은 1863년경 두만강을 건너 연추 부근의 지신허(地新墟, 러시아 연해주 하산구 비노그라드노예 일대)에 정착했다. 이후 함경도와 평안도의 가난한 농민들이 연해주로 이주하기 시작했다. 연추마을은 1867년 함경도 월경 농민들에 의해 건설되었는데, 그 마을 이름은 이 지역을 북에서 남으로 가로질러 엑스페지치야Ekspeditsiia만으로 흘러 들어가는 연추하(延秋河, 烟秋河, 현재의 추카노프카강)에서 따온 것으로, 그 기원은 발해 동경용원부東京龍原府에 속했던 염주鹽州에서 비롯된다.

연추마을은 블라디보스토크에서 러시아·북한·중국의 국경 지대를 향해 남쪽으로 기찻길로 280킬로미터 떨어져 있는 노보키예프스키와 가까운 곳에 있었다. 1867년 엑스페지치야만 북쪽 해안에 군 요새로 건설된 노보키예프스키는 1900년에 노보키예프스코예Novokievskoe로, 1929년 이후에는 노보키예프스크Novokievsk로 불리다가, 1936년 5월 10일에 크라스키노Kraskino로 바뀌었다. 현재의 명칭인 크라스키노는 1936년 3월 25일 일본군과의 전투에서 네 명의 병사와 함께 영웅적으로 전사한 크라스킨Kraskin 중위를 기념하기 위해 붙여진 지명이다.

연추마을은 특히 한국 침략의 주역이자 기획자였던 이토 히로부미伊藤博文를 처단했던 안중근이 1908년 봄 최재형·이범윤 등 한

훈춘과 연해주, 블라디보스토크

포시에트만

단지동맹 유지 기념비

인 지도자들과 동의회同義會를 조직했던 곳이며, 그해 여름 국내로 진격해 일본군과 전투를 벌였던 연해주 의병운동의 중심 거점이었다. 안중근이 열두 명의 동지와 단지동맹斷指同盟하며 동의단지회同義斷指會를 결사 조직한 연추 하리下里, 즉 '아랫마을'은 연추마을의 아래쪽에 위치했고, 교회와 학교, 면사무소 건물이 있었으며, 연해주 남부 국경 지역 열 개 한인 마을을 담당했던 연추면 한인 사회의 행정과 문화 중심지였다.

크라스키노성의 입지

크라스키노성은 포시에트만 가장 안쪽에 있다. 크라스키노성의 남쪽은 엑스페지치야만에 면하며, 현재의 해안선에서 약 300미터 정도 떨어져 있다. 엑스페지치야만은 포시에트만의 가장 안쪽에 있다. 포시에트만의 남쪽에서 나지모바 모래톱이 약 4킬로미터 길이로 뻗어서 레이드 팔라드만과 만 안쪽의 엑스페지치야만을 이분한다. 모래톱의 앞쪽에 큰 바위가 있어, 대안의 포시에트곶 사이에 약 1킬로미터의 물길이 있다. 포시에트곶의 동쪽에 크랩반도가 자루비노 방면으로 크게 뻗어 있으며, 크랩반도 북쪽은 레이드

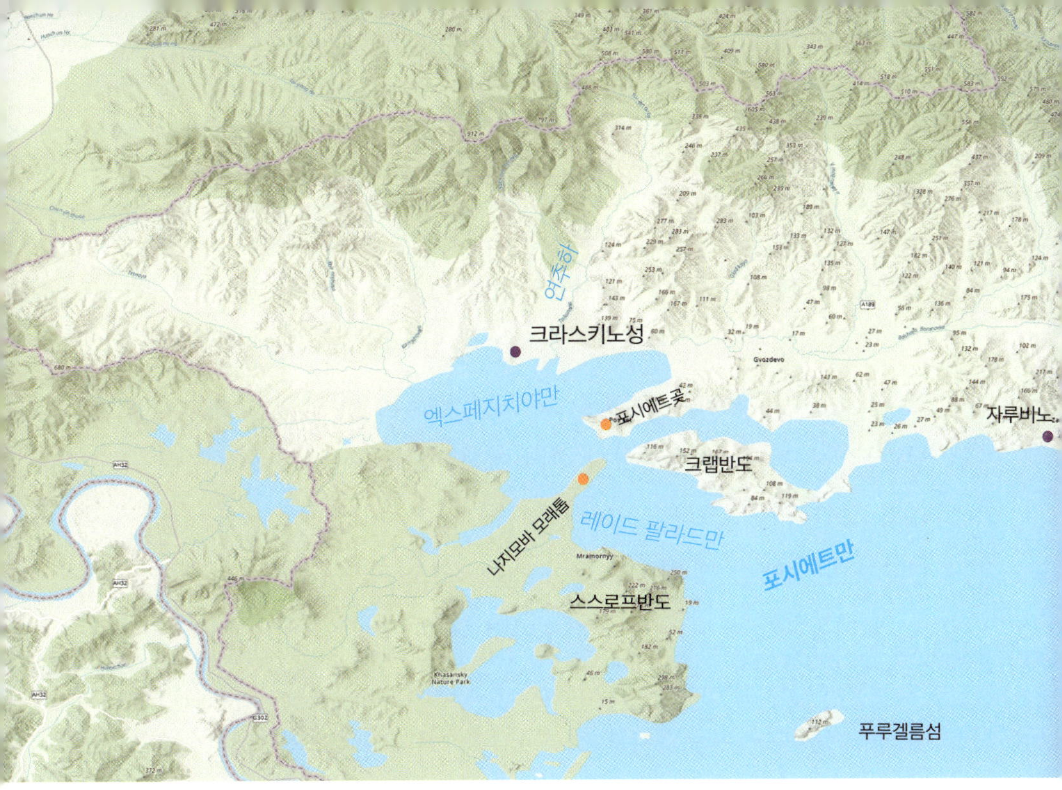

크라스키노성과 포시에트만 상세 지도

팔라드만과 이어지는 깊은 강이 있다. 이 세 곳의 만을 통틀어 포시에트만이라 부른다. 포시에트곶에는 석탄을 수출하는 포시에트항이 있어서 현재도 대형 선박이 출입한다. 레이드 팔라드만은 포시에트항에 드나드는 대형 선박이 항해할 수 있는 수심이지만, 크라스키노성 부근의 엑스페지치야만은 수심이 얕아 대형 선박이 들어오는 것은 어렵다.

크랩반도는 자루비노에서 이어지는 해안의 남쪽에 있으며, 모래톱으로 이어지는 길이 약 11킬로미터·최대 폭 약 4킬로미터의 연륙도이다. 반도 앞쪽이 가장 높고, 해발 130.6미터이다. 반도에

붙어서 폭 약 20미터, 높이 약 4미터, 길이 400미터의 성벽이 반도를 가로질러 쌓여 있다. 이 유적은 발해시대 유적들을 방어하는 기능을 가졌을 것으로 추정된다.

스스로프반도는 크랩반도의 건너편에 있는데, 레이드 팔라드만을 끼고 약 6킬로미터 떨어져 있다. 두 반도에 긴 해협이 레이드 팔라드만의 입구에 해당한다. 이곳에서 나지모바 모래톱까지 약 10킬로미터이며, 크라스키노성까지는 16킬로미터이다. 스스로프반도는 육지에서 뻗은 모래톱이 스스로프산과 이어지는 연륙도로, 모래톱 부근에 길이 약 4킬로미터, 최대 폭이 약 1킬로미터인 작은 반도이다. 토루는 모래톱과 연륙도의 접점, 스스로프산 기슭에 쌓여 있다. 스스로프산은 해발 235.5미터이며 정상에서 포시에트만을 항해하는 선박을 바라볼 수가 있다.

스스로프반도 앞바다 약 6킬로미터에 푸루겔름섬이 있다. 이 섬은 2.5킬로미터×1.5킬로미터의 규모로, 섬 북쪽 만에는 발해시대의 유적이 있다고 한다. 푸루겔름섬 주위에는 동해를 건너 항해하는 대형 선박과 연안을 항해하는 소형 선박의 닻돌이 출토되었다. 외양 선박에 사용된 닻돌이 인양된 푸루겔름섬의 북쪽 만은 남쪽으로부터의 강풍을 피하는 장소였거나, 포시에트만으로 항해하는 선박의 일시 정박 장소였을 것으로 보인다. 항해 목적을 검사하는 시설이 있었을 가능성이 있다.

크라스키노성의 발굴 조사 경위와 성과

추카노프카강 우안에 위치하며, 엑스페지치야만이 가까이에 있는 크라스키노성에 대해서는 1870년에 처음으로 언급되었고, 1958년에 조사한 이래 지금까지 발굴이 계속되고 있다. 크라스키노성 발굴 조사는 우선 러시아에서 단독으로 1980~1981년, 1983년, 1990년에 이루어졌다. 이후 2004년부터 2006년까지 고구려연구재단이 공동으로 발굴 조사를 했다. 필자는 이 시기에 조사에 참여했다.

크라스키노성의 평면은 오각형에 가까운 모습이다. 동·서·남에 문지가 있는데 모두 옹성이 있다. 외견상 치나 각루 등의 흔적이 보이지 않지만 동벽의 동문지 남쪽에서 치가 하나 발견되었다. 성벽은 토심석축이며 둘레는 1,380미터이다.

성 내부는 발굴 조사 장소로 사찰이 있던 서북 지역과, '+'자 모양으로 교차하는 도로가 조사된 중북 지역으로 크게 나눌 수 있다. 그밖에 성의 중남 지역과 동문지 주변이 조사된 바가 있다. 서북 지역 북부 사찰 구역은 크게 석축 담장, 금당지 및 관련 유구들, 전각지, 방형 초석 건물지, 와실유구, 우물, 가마터, 제철 생산 관련 시설 등이 조사되었다. 중북 지역에서 주목되는 것은 동서 방향과 남북 방향으로 서로 교차하는 도로이다. 동서 방향은 약 62.5미터, 남북 방향은 약 16.5미터 길이로 확인되었다.

크라스키노성에서 출토된 유물 가운데 가장 주목되는 것은 쌍

크라스키노성 항공 지도와 평면도
N
서북 지역
중부 지역
광장 지역
동문지 일대
0   50 M

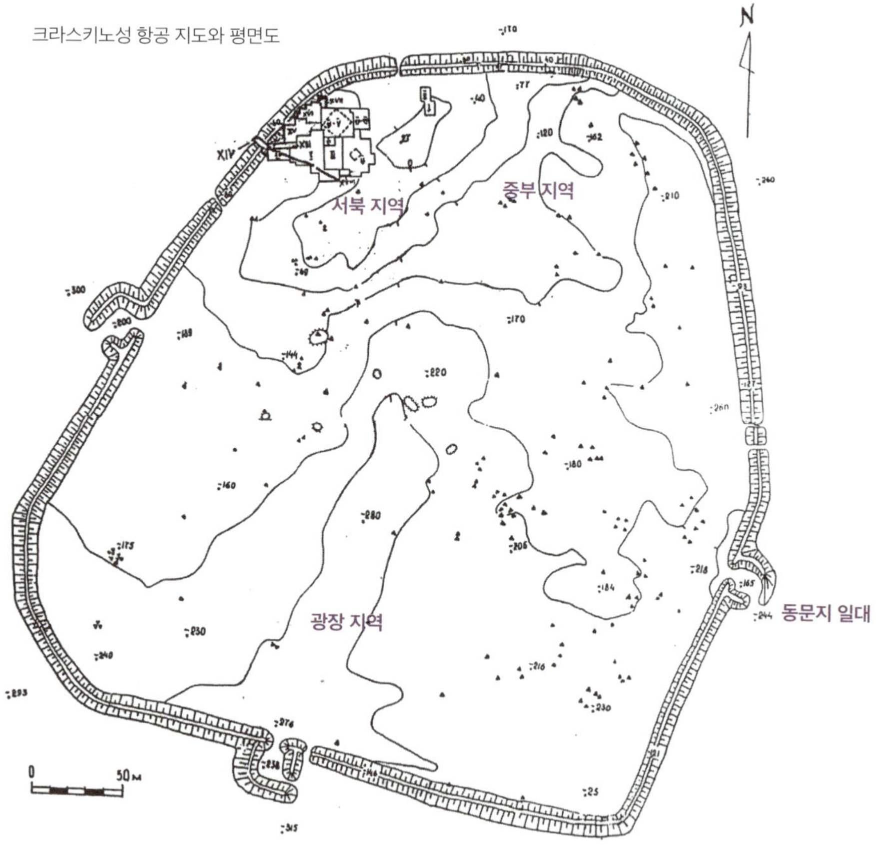

하늘에서 본 크라스키노성

크라스키노성에서 출토된 청동 낙타상과 낙타 뼈, 그리고 화병 모양 거란 토기

봉낙타의 뼈와 청동상을 들 수 있다. 낙타 뼈는 2012년 크라스키
노성 제48구역에서 출토되었으며, 낙타 청동상은 2015년 47구역
에서 각각 출토되었다. 두 유물의 존재는 소그드인이 이곳까지 왔
음을 말해 주는 것으로, 크라스키노성이 발해 네트워크의 허브임
을 보여 준다. 이외에도 거란과의 교역을 보여 주는 거란 화병 모
양 거란 토기, 신라와의 교역을 나타내는 편병도 나온 바가 있다.

일본에 남아 있는 발해 사절의 유적

발해 사절단의 도착지

총 34회의 발해 사절단 가운데 도착지가 분명한 사례는 29회이다. 도착지를 시기별로 정리하면 아래와 같다.

8세기에는 13회의 발해 사절단이 일본에 왔는데, 도호쿠東北에 6회[에미시 지역 2회, 에치고越後(현재의 니가타현)·데와出羽(현재의 야마가타현과 아키타현) 4회], 호쿠리쿠北陸에 5회[에치젠越前(지금의 후쿠이현 동북부) 4회, 노토能登(지금의 이시카와현) 1회)], 산인山陰(현재의 시마네현)에 2회[오키隱岐 1회, 쓰시마 1회]이다.

9세기에는 18회의 발해 사절이 갔는데, 호쿠리쿠가 5회[노토 2회, 가가加賀 3회], 산인 8회[오키 2회, 이즈모出雲 3회, 나가토長門 1회, 호키伯耆 1회, 다지마但馬 1회], 도착지 불명 5회이다.

10세기에는 3회의 발해 사절이 갔는데, 산인 1회[호키], 호쿠리쿠 2회[와카사若狹 1회, 에치젠 1회]이다.

에미시
치토세
도호쿠
데와
호
에치코
노토
리
가가
에치젠
쿠
와카사
오키
단마 산
호키
이즈모
인
나가토
동해

주요한 도착지는 도호쿠, 호쿠리쿠, 산인 세 지역으로, 각지에 도착한 시기는 8세기가 도호쿠, 9세기가 산인으로 명확히 나눠지고, 호쿠리쿠는 8~10세기 전 기간에 걸쳐 도착했다. 또한 각 지역에서 전 기간을 통한 도착 횟수는, 도호쿠와 호쿠리쿠 12회, 산인 11회로, 호쿠리쿠에 도착한 숫자가 가장 많다. 호쿠리쿠에서는 가가가 5회(8세기에 2회, 823년 이후에 3회)로 가장 많고, 노토가 3회, 에치젠이 3회, 와카사 1회이다. 이상의 결과는 발해선이 해류를 따라 표류해 도착한 것이 아니라, 목적지를 정해 왕래한 사실을 시사한다.

8세기에 데와에 자주 도착한 배경에는, 7세기에 연해주 지방 남부에 거주하던 말갈이 홋카이도 치토세千歳 지대 주변에 왕래해 교역 활동을 한 역사가 있다고 생각한다. 가가에 자주 도착한 배경은, 570년에 고구려선이 최초로 가가에 왕래해, 668년 고구려 멸망까지 가가가 고구려선의 중요한 도착지였던 역사가 있다. 이는 발해가 고구려의 대일 교섭 항로를 계승했음을 보여 준다. 9세기에 들어서서 발해선이 산인 지방에 자주 도착한 배경에는, 이 무렵 활발했던 당과 신라 상인과의 접촉을 고려했을 가능성이 있다. 즉, 장보고로 대표되는 신라 상인의 무역에 대응하고자 한 것이었다.

발해 사절단이 도착한 항만 시설

발해 사절단이 도착한 항만 시설은 항구와 주변 부속 시설 창고

← 발해 사절 도착지

나 숙박 시설을 말한다. 현재까지 확인된 유적은 총 여섯 곳이다.

첫째는 미쿠니미나토三國湊이다. 후쿠이현福井縣 사카이군坂井郡 미쿠니마치三國町의 구즈류강九頭龍川 하구를 이용한 항구로, 중세부터 근세까지 에치젠의 주요한 항구로 번영했다. 율령시대의 항만 시설로 비정할 수 있는 유적은 보이지 않지만, 778년 발해 사절 장선수張仙壽 일행을 안치공급安置供給(발해 사절이 일시적으로 체류하면서 생활 물품을 공급받음)한 에치젠국의 편처便處(숙박 시설)가 부근에 있다.

둘째는 토미즈戶水C 유적이다. 이시카와현石川縣 가나자와시金澤市 토미즈마치戶水町에 소재한다. 가나자와시 북쪽에 있는 카호쿠호河北潟부터 동해로 흐르는 오오노강大野川의 왼편에 조영된 헤이안시대 전반의 유적으로, 9세기 후반을 중심으로 하는 건물군이 조영되었다. 화지비조경花枝飛鳥鏡으로 추정되는 거울 조각·동환銅環·회유도기灰釉陶器 등이 출토되었다. 카호쿠호에서 유적의 서쪽을 흘러 동해로 들어가는 오오노강이 항만으로 좋은 위치라는 점에서 군진郡津이나 국부진國府津 등 공적인 항만 시설이었을 가능성이 크다. 발해국 사절의 안치공급지로서 문헌에 나오는 사리요쿠노쓰佐利翼津나 가가국加賀國의 편처로 비정된다.

셋째는 지케寺家 유적으로, 이시카와현 하쿠이羽咋시 지케마치寺家町에 소재한다. 지케 유적은 우치나다마치內灘町에서 연속된 모래사장이 하쿠이시 타키곶瀧岬에 접하는 곳에 조영된 죠몬시대부터 무로마치시대에 걸친 대규모 유적이다. 특히 아스카시대(7세기 전반)부터 무로마치시대(15세기) 사이는, 노토의 케타신사氣多神社에 관계

에치젠국의 미쿠니미나토 유적

가가국의 토미즈C 유적

노토의 지케 유적

케타신사 입구와 안내문

된 종교적인 시설이 검출되어 고대부터 중세까지 신사의 변천을 구체적으로 알 수가 있다. 헤이안시대 전기(9세기)에는, 대형 건물이나 우물에서 '궁주宮廚'라고 묵서墨書된 스에키가 출토되어 케타신사의 업무를 관리하는 시설이 있었음을 나타낸다.

지케 유적에서 행해진 제사에서 특징이 말이나 소의 이빨이 사용된다는 점이다. 소를 희생으로 하는 제사가 기나이 부근이나 에치젠에서 행해져서, 이를 금한 금령이 791년과 801년 두 번에 걸쳐 나온다. 살우제신殺牛祭神이라 부르는 이 제사는, 대륙에서 도래인과 함께 전해진 한신신앙漢神信仰(대륙에서 온 신神을 말함)의 한 형태로 기우祈雨나 푸닥거리를 위해 행했다. 871년에 도착한 양성규楊

후쿠라항

成規 일행의 입경入京 때 행해진 제사도 소를 희생물로 삼았을 것이다. 지케 유적에서 검출된 소나 말의 이빨은, 발해국 사절이 통과할 때 행한 제사 가운데 한신漢神에게 바쳐진 희생물이다. 또한 철제 배 모형이 출토되어, 해상 안전을 위한 제사도 행해졌음을 엿볼 수 있다.

넷째는 후쿠라노츠福良津로, 이시카와현 하쿠이군 토기마치福來町 후쿠라福浦에 있다. 후쿠라는 배후가 산으로 둘러싸여 있고 평지가 적기 때문에 항구 근처에는 발해 사절단을 안치할 수 있는 시설을 조영할 수 없었다. 하지만 배후 구릉에는 건물의 조영이 가능하고, 사절단을 안치한 유적이 나타날 가능성이 있다. 현재에도 두 개의 조선소가 있는 물의 계곡에 조선 시설이 설치되었을 것으로 보인다.

다섯째로는 가나이와혼마치 유적金石本町遺跡으로, 이시카와현 가나자와시에 소재한다. 사이가와강犀川의 현재의 하구로부터 직선 거리로 약 1킬로미터 상류에 있고, 7~9세기의 건물군이 검출되고 있다. 유적은 여러 지류의 소하천을 사이에 둔 자연 제방 위에 입지하고 있다. 8세기 전반에는 3×9칸에 면적이 약 150제곱미터의 대형 건물이 있었고, 9세기에는 소하천을 사이에 두고 건물군과 창고군이 배치되어 있었다. 발굴 조사에서는 항만 기능을 보여주는 유구와 유물은 출토되고 있지 않지만, 사이가와강의 옛 하천길에 접한 입지라는 점으로 항만 시설에 관련된 유적이라고 추정하고 있다.

여섯째는 우네다 지추 유적畝田寺中遺跡으로 이시키와현 가나자와시에 소재한다. 가나이와혼마치 유적에서 남서쪽으로 약 1킬로미터 떨어진 지점에서 8세기를 중심으로 한 유적이 발굴되었다. 조사 결과 폭이 약 20미터로 자연 하천을 이용한 운하 유적 건물군으로 밝혀졌다. 운하 오른쪽 언덕에서는 8동의 창고군이, 왼쪽 언덕에서는 2×6칸의 대형 건물이 각각 발굴되었다. 창고군 뒤로 도로가 정비되어 있어 보관 물자를 수로나 육로로 운반했음을 짐작할 수 있다.

또 '진사津司', '진津', '천평天平 2년' 등의 묵서가 있는 토기가 출토되었는데, 이 중 '진'은 이 유적이 항만과 관계가 있다는 것을 보여

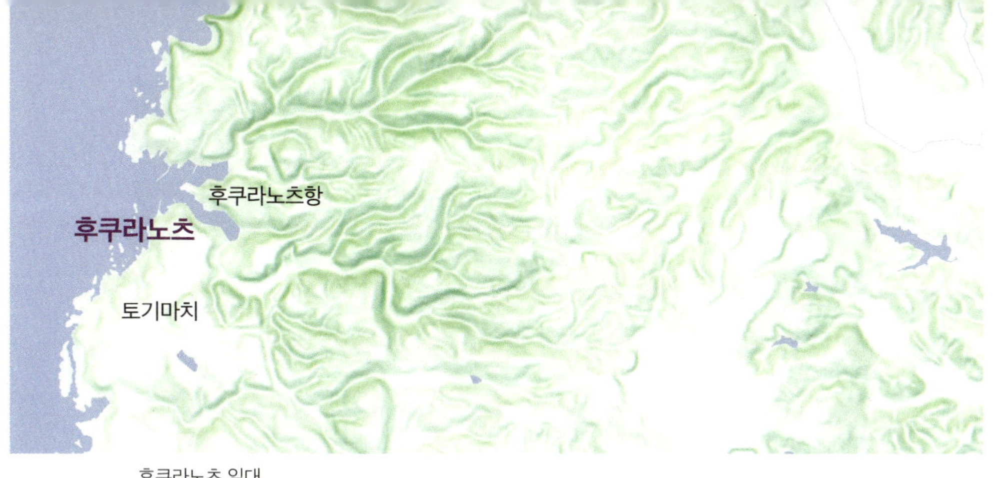

후쿠라노츠 일대

가나이와혼마치 유적과 우네다 지추 유적

준다. '진사'는 당시 가가加賀에 '진사'라는 직함을 가진 인물이 살고 있었다는 것을 의미한다. '진사'에 관한 사료로는 『속일본기』 720년조에 나오는 "도도진경渡嶋津輕의 진사津司 종7위상 제군안남諸君安男을 비롯한 여섯 명을 말갈국에 보내 그 풍속을 살피게 하다."라는 기록이 유일하다. 에조(에미시나 에비스로도 불리며 일본의 동북부 지역에 살던 종족 명칭)를 시작으로 하는 북방 민족과의 접촉이나 교역

우네다 지추 유적 발굴 현장과
출토된 묵서명 토기

을 관리하는 외교관과 비슷한 직분이었을 제군안남의 사례를 참
고하면, 우네다 지추 유적의 '진사'도 단순한 항만 관리자가 아니
라 발해나 다른 지역과의 교역을 관리하는 직분이었다고 보인다.
'천평 2년'의 묵서는 730년을 가리킨다. 제1차 견발해사遣渤海使인 히
케타노 무시마로引田蟲麻呂 등이 가가군에 도착한 해가 730년임을 참
고해 볼 때, 아마도 토기에 연호를 적어 그들의 무사 귀환을 신에

222

게 감사하는 의식이 행해졌다고 추정된다.

발해 객원 관련 유적

발해 객원은 일본 측에서 발해 사절을 접대하기 위해 만든 숙소, 즉 게스트 하우스이다. 현재까지 일곱 곳의 유적이 발견되었다.

첫째, 마츠바라松原 유적이다. 후쿠이현福井縣 쓰루가시敦賀市 마츠바라에 소재한다. 케히氣比신사 일대가 『부상략기扶桑略記』나 『연희식延喜式』에 기재된 마츠바라 역관 혹은 객관이 있던 장소로 추정된다. 1979년 유적 범위 확인 조사 결과 광범위하게 나라시대의 제염 유적이 분포하고 있는 것을 확인했고, 소문경素文鏡 1면·동령銅鈴 1점과 화동개진和同開珎·신공개보神功開宝·융평영보隆平永宝 등의 동전이 출토되었다.

둘째, 노토객원能登客院은 『일본후기日本後紀』 804년 6월 27일조에 "발해국사渤海國使가 자주 노토에 도착했다. 숙소가 협소했기 때문에 신속히 객원을 지으라는 명령이 내렸다."라는 기록이 보인다. 당시 노토가 피폐해져 있던 상황이었는데, 객원 조영의 지령이 나온 뒤인 859년 노토에 도착한 발해국사가 가가국加賀國에 안치됐다고 하면서 실제로 객원이 조영되었는가에 의문을 나타내기도 한다. 그러나 772년 일만복 일행이 후쿠라노츠에 안치 공급된 기사를 보면, 후쿠라노츠에 어떠한 시설이 있었다는 것이 분명하므로 뒤에 이 시설이 객원이라 불렸던 것으로 생각된다.

셋째는 토미즈C 유적戶水C遺跡으로 이시카와현 가나자와시에 소재한다. 현재의 오오노강大野川 하구로부터 약 2킬로미터 거슬러 올라간 위치에 있으며, 고대에는 소규모의 라군lagoon에 접한 자연 제방 위에 입지했다. 6세기 후반부터 7세기 전반 대의 건물터 3동과 도랑이 검출되고 있지만, 주체는 9세기의 굴립주掘立柱 건물군이다. 남북 방향으로 치우치는 도랑을 사이에 두고, 건물군이 크게 양분되고 있다.

서쪽 건물군은 2칸 사면의 창고와 서쪽으로 행랑이 붙은 2×5칸의 건물 2동, 2×7칸의 장대한 건물을 포함하고 있다. 동쪽 건물군은 장대한 건물의 주 건물과 2×3칸 전후의 부속 건물로 구성되었으며, 창고는 볼 수 없다. 남서부에 있는 2×7칸의 건물 안채에 동서 양쪽의 행랑이 수반되는 대형의 1113호 건물과 주위 여러 동의 굴립주 건물군이 중심적인 건물군이다. 이곳의 북서부에 있는 2×8칸의 장대한 건물군이 같은 장소에서 3회의 개축을 거쳐 축조되었고, 2×8칸으로 서쪽의 행랑을 수반하는 12호 건물이 주 건물이라고 생각된다.

12호 건물에 인접한 1호 우물은 내경 90센티미터의 증롱조蒸篭組 우물이 구축되어, 우물 안에서 제곶齊串 11점과 말의 다리뼈 4개가 출토되었다. 우물의 사용과 폐기 때에 제곶과 희생마에 의한 제사를 한 것 같다. 1113호 건물로부터 4미터 남쪽에 있는 1111호 우물 안에서 회선檜扇과 제곶, 저상목기箸状木器 등이 출토되고 있다. 우물 가운데 상기 두 개의 우물은 제사를 수반하는 특별한 우물이었다고 생각된다.

지금까지의 조사에서 '진津'이라고 묵서한 토기가 2점, 중국제라고 생각되는 당화경唐花鏡과 월주요청자越州窯青磁의 사발 및 단지가 각 1점, 다량으로 출토한 교토 낙북산洛北産과 오와리尾張(지금의 아이치현), 원투산猿投産의 녹유도기綠釉陶器 등이 출토되고 있다. 녹유도기는 완명碗皿 외에 타호唾壺와 향로, 승반承盤 등의 특수한 기종을 포함하고 있으며, 주변에 있는 9세기 대의 유적과는 양상에 상당한 차이를 보인다. 유적 내에서 열린 향연에 녹유도기나 중국 자기가 사용되었다고 추정할 수 있다. 이 외에 '유민流民'이 써 있는 칠지문서漆紙文書가 출토되고 있다.

칠지문서나 '진津' 묵서 등의 문자 자료, 정연하게 배치된 대형 건물군, 향연에 사용되었다고 추정할 수 있는 다량의 녹유도기 및 제사를 수반하는 우물 등을 고려하면, 토미즈C 유적은 가가加賀 입국立国에 수반하는 국부진国府津으로 비정할 수 있고, 발해 사절이 도착한 국제 항구였을 가능성이 크다. 823년의 가가 입국에 수반해 오오노강 하구에 국부진이 정비되어 발해선을 맞는 기능이 가가군진加賀郡津이 있는 사이가와강 하구로부터 이전한 것이다. 이 결과 가가군진은 가가군加賀郡과 이시카와군石川郡의 내수면 교통을 연결하는 군진郡津 본래의 기능으로 축소되었다. 오오노강 하구에 국부진으로 정비된 토미즈C 유적은 오오노강을 거슬러 올라가 가호쿠호河北潟를 경유해 노토나 엣추로의 육로와 연결되어, 발해에서 오는 선박이 도착하는 교통의 요충지였다.

넷째는 토미즈 오오니시戶水大西 유적으로 이시카와현 가나자와 시에 소재한다. 토미즈C 유적으로부터 약 1,500미터 남쪽으로 우네다 나베타 유적의 동쪽 약 400미터에 있다. 유적의 시기는 8세기 후반에서 9세기 후반이다. 유적에서 '숙가宿家'나 '대시大市'라고 기록된 묵서 토기가 출토되고 있어서, 숙박 시설이나 시장에 관련된 성격이었다고 추정하고 있다. 가가 국부진에 도래한 발해 사절이 체재하면서, 그들이 가지고 온 대륙의 물자와 교환하기 위한 시장이 열렸던 게 아닐까 생각된다. 발해계의 유물은 출토되고 있지 않지만, 사절을 거처하게 한 '편처便処'로서 사용되었을 가능성을 가진 유적이다.

다섯째는 우네다 나베타畝田 ナベタ 유적으로 이시카와현 가나자와 시에 소재한다. 사이가와강 하구 오른쪽 언덕에 있는 항만의 우네다 지추 유적으로부터 동쪽으로 약 800미터, 오오노강에 설치된 항만의 토미즈C 유적에서 남서로 약 1,700미터, 토미즈 오오니시 유적의 서쪽으로 약 400미터 위치에 입지하고 있다. 8세기 말에서 9세기 무렵의 건물지가 발굴되었는데, 가가군加賀郡 '편처'와 관계된 유적이라고 추정하고 있다.

우네다 나베타 유적은 9세기 전반의 23호 건물이나 518호 건물 등 대형의 마루를 깐 건물이 특징이다. 우네다 나베타 유적을 발해 사절이 체재한 '편처'라고 가정한다면, 이러한 건물은 사절의 향응에 사용되었을 가능성이 크다. 또 23호 건물이나 518호 건물의 부근에 배치된 대형 우물은 발해 사절의 내항에 수반되는 의식

우네다 나베타 유적지 현장

에 사용하는 신성한 물을 공급한 것으로 볼 수 있다.

여섯째는 헤구라지마舳倉島로, 이시카와현 와지마輪島시에서 약 50킬로미터 떨어진 곳에 있는 주위 약 6킬로미터의 섬이다. 『금석물어今昔物語』 권26에, 당인唐人이 섬에 기착하여 음식을 보급받고 쓰루가로 향했다고 서술된 네코노시마猫ノ嶋는 이 섬을 가리킨다고 생각된다. 이 설화는 헤구라지마가 발해 항로 가운데 보급지의 기능을 했다는 것을 전하는 중요한 자료이다.

일곱째는 반바馬場 유적으로, 니가타현新潟縣 사도군佐渡郡 아이카와마치相川町의 모래사장에 있다. 대금구帶金具와 말 이빨이 출토되고 다수의 소토면燒土面이 검출되었다. 모래사장 뒤에는 이시천石花川이

반바 유적
헤구라지마
후쿠라노츠
지케 유적
토미즈C 유적
우네다 나베타 유적
토미즈 오오니시 유적
가나이와혼마치 유적
우네다 지추 유적
미쿠니미나토 유적
동해
마츠바라 유적

형성된 호수가 중세 무렵까지 넓었다고 생각되어, 호수를 이용한 수운에 관계된 제사 유적이라 생각된다. 752년 모시몽慕施蒙이 사도佐渡에 도착한 사건과 관계가 있다고 생각한다.

일본 정부에 의해 세워진 발해 객원에서는 국가 간의 공식적인 거래인 공무역 외의 사무역이 이루어졌다. 아울러 발해 문인과 일본 문인 사이의 한시漢詩 교류를 통한 문화 교류도 활발하게 이루어졌다. 따라서 발해 객원은 발해 일본 사이 경제 문화 교류의 허브라는 의미를 가진다.

← 일본의 발해 유적 분포

강봉룡, 「신라 지방 통치 체제 연구」, 서울대학교 박사학위논문, 1994.

강인욱, 「고조선의 모피무역과 명도전」, 『한국고대사연구』 64, 2011.

강인욱, 「고고학 자료로 본 발해와 위구르 제국-콕샤로프카-8 유적을 중심으로-」, 『중앙
　　　아시아연구』 22-2, 2017.

구난희·이병건·정석배·백종오·김진광, 『발해 유적 사전: 중국편』, 한국학중앙연구원출판
　　　부, 2015.

구난희, 「발해 동경 지역의 역사적 연원과 지역성」, 『고구려발해연구』 58, 2017.

구난희, 『발해와 일본의 교류』, 한국학중앙연구원출판부, 2017.

구난희, 「발해 영주도의 행로와 운용」, 『고구려발해연구』 60, 2018.

구난희, 「발일渤日 교류에 등장한 소그드인, 그 경위와 의미」, 『고구려발해연구』 63, 2019.

국립민속박물관, 『천연섬유와 모피 식별 아틀라스』, 2005.

권은주, 「당대 영주 출신 고구려계 고영숙의 묘지명 검토」, 『한국고대사연구』 84, 2016.

김광언, 『한국농기구고』, 한국농촌경제연구원, 1986.

길림성문물고고연구소·돈화시문물관리소 지음, 정원철 옮김, 「길림 돈화시 강동·임승
　　　‘24개 돌’ 유적의 조사와 발굴」, 『고구려발해연구』 40, 2011.

김은국·정석배, 『크라스키노 발해성-발굴 40년의 성과-』, 동북아역사재단, 2021.

김추윤·장삼환, 『중국의 국토환경』, 대륙연구소출판부, 1995.

노태돈, 『고구려 발해사 연구』, 지식산업사, 2020.

박방룡, 「신라왕도의 교통로-역驛·원院을 중심으로」, 『경주사학』 16, 1995.

박홍갑, 「발해 유민의 한반도 정착 과정-영순현과 영순 태씨를 중심으로」, 『동북아역사
　　　논총』 16, 2007.

반병률, 「러시아 연해주 한인 마을 연추의 형성과 초기 모습」, 『동북아역사논총』 25, 2009.

방학봉, 『중국경내 발해 유적 연구』, 백산자료원, 2000.

방학봉, 『발해의 주요 교통로 연구』, 연변인민출판사, 2000.

블라디미르 클라우디에비치 아르세니에프 지음, 김욱 옮김, 『데르수 우잘라』, 갈라파고

스, 2005.

사회과학원, 『동해안 일대의 발해 유적에 대한 연구』, 중심, 2002.

서영일, 『신라 육상 교통로 연구』, 학연문화사, 1990.

송기호, 「남북국의 전쟁, 경쟁과 교류」, 『신라사학보』 45, 2019.

양시은, 「말갈 문화에 대한 고고학적인 검토」, 『고구려발해연구』 65, 2019.

에드워드 H. 셰이퍼 지음, 이호영 옮김, 『사마르칸트의 황금 복숭아: 대당제국의 이국적
　　수입 문화』, 글항아리, 2021.

왕면후·이건재 지음, 동아시아교통사연구회 옮김, 『고대 동북아시아 교통사』, 주류성,
　　2020.

윤재운 외, 『한중관계사상의 교역과 교통로』, 주류성, 2019.

윤재운, 「발해의 5경과 교통로의 기능」, 『한국고대사연구』 63, 2011.

윤재운, 「발해의 역참제와 교통로」, 『고구려발해연구』 53, 2015.

윤재운, 「한국 고대 교류와 갈등의 공간-고구려·발해와 강원도」, 『강원사학』 27, 2015.

윤재운, 『교류의 바다 동해』, 경인문화사, 2015.

윤재운, 「압록도를 통해 본 발해사신의 여정」, 『고구려발해연구』 60, 2018.

윤재운, 「발해 역사 마을의 기원과 의미」, 『경산문화』 18, 2019.

윤재운, 「발해의 동부유라시아 정책과 국가 전략」, 『신라사학보』 45, 2019.

윤재운, 「신라도의 노선과 교류」, 『고구려발해연구』 69, 2021.

윤재운, 「한국 고대 해상교통로 연구의 성과와 과제」, 『해양문화재』 14, 2021.

윤현철, 「'흥륭 24개 돌' 유적에 대한 연구사적 정리」, 『백산학보』 63, 2003.

이도학, 「고대국가의 성장과 교통로」, 『국사관논총』 74, 1997.

이병건, 「발해 24개 돌 유적의 건축 형식 연구」, 『대한건축학회 논문집』 19-6, 2003.

이병건, 「발해 강동 24개 돌 유적의 추정 복원안 연구」, 『백산학보』 65, 2003.

이병건, 「발굴 결과로 새롭게 본 강동 24개 돌 유적의 건축적 성격」, 『동북아역사논총』
　　37, 2012.

이병건, 「발해 흑수도 노선상의 평지성 유적 현황과 조영 특징」, 『고구려발해연구』 63,
　　2019.

이성제 편, 『고구려성 사진자료집-중국 요령성·길림성 서부』, 동북아역사재단, 2006.

이성제, 「고구려 유민의 요서지역 세거世居와 존재양상-〈고영숙묘지〉의 역주와 분석」,

『중국고대사연구』 46, 2017.

이승호, 「1~3세기 중국 동북지역 정세 변화와 모피 교역」, 『동국사학』 67, 2019.

이영철, 「당唐 전기 영주영방營州城傍 거란기미주契丹羈縻州의 기능」, 『대구사학』 100, 2010.

이영철, 「당대唐代 변경지역의 번진과 대외관계」, 『중국사연구』 74, 2011.

이정빈, 「5~6세기 고구려의 농목교역과 요서정책」, 『역사와 현실』 91, 2014.

이효형, 『발해 유민사 연구』, 혜안, 2007.

장국종, 『발해교통운수사』, 사회과학출판사, 2004.

정병준 외, 『중국학계의 북방민족·국가 연구』, 동북아역사재단, 2008.

정병준, 「'영주성방고려인' 왕사체王思禮」, 『고구려발해연구』 19, 2005.

정병준, 「영주의 대조영집단과 발해국의 성격」, 『동북아역사논총』 16, 2007.

정석배, 「유물로 본 발해와 중부-중앙아시아 지역 간의 문화교류에 대해」, 『고구려발해연구』 57, 2017.

정석배, 「발해 거란도 노선 연구」, 『고구려발해연구』 60, 2018.

정석배, 「발해의 북방-서역루트 '담비길' 연구」, 『고구려발해연구』 63, 2019.

정성일 외, 『역사 속 외교 선물과 명품의 세계』, 국사편찬위원회, 2007.

정요근, 「7~11세기 경기도 북부지역에서의 간선교통로 변천과 '장단도로長湍渡路'」, 『한국사연구』 131, 2005.

정재정, 『고대 환동 해교류사 2: 발해와 일본』, 동북아역사재단 편, 2010.

정진술, 『한국의 고대 해상교통로』, 한국해양전략연구소, 2009.

주보돈, 『신라 지방 통치 체제의 정비 과정과 촌락』, 신서원, 1998.

한규철 외, 『발해 고왕 대조영 영정 제작 경과 보고 백서』, 발해 고왕 대조영 표준영정 제작 추진위원회, 2012.

한규철, 「발해 홍복국復興國 '후발해' 연구-연구동향과 형성과정을 중심으로」, 『국사관논총』 62, 1995.

한규철, 「경산 발해 마을의 발해 황손 태씨 집성촌」, 『경산문화』 17, 2018.

한정훈, 「신라통일기 육상 교통망과 5통」, 『역사와 세계』 27, 2003.

E. V. シヤフクノフ, 「北東アジア民族の歴史におけるソグド人の黒貂の道」, 『東アジアの古代文化』96, 1998.

エチエンヌ·ドゥ·ラ·ヴェツエ＿ル著·影山悦子 譯, 『ソグド商人の歴史』, 岩波書店, 2019.

古畑徹, 『渤海國とは何か』, 吉川弘文館, 2018.

井上秀雄, 『新羅史の基礎研究』, 東出版, 1974.

廣瀨憲雄, 『古代日本と東部ユ＿ラツア國際關係』, 勉誠出版, 2018.

廣瀨和雄·山中章·吉川眞司 編, 『講座畿內の考古學』Ⅲ－王宮と王都, 雄山閣, 2020.

轟博志, 「新羅における'北海通'經路の再檢討」, 『交通史研究』88, 2016.

鈴木靖民·荒井秀規 編, 『古代東アジアの道路と交通』, 勉誠出版, 2011.

劉曉東·祖延苓, 「南城子古城·牡丹江邊墻與渤海的黑水道」, 『北方文物』3, 1988-3.

馬德謙, 「渤海契丹道吉林市以東區段假說」, 『博物館研究』, 1990-3.

蓑島榮紀, 『'もの'と交易の古代北方史－奈良·平安日本と北海道·アイヌ』, 勉誠出版, 2015.

新華書店, 『魅力旅順口』, 中國撮影出版社, 2011.

室田武, 「徽宗'左井觀天'の地:依蘭多紀行－黑龍江省にセ＿ブル＿ドの軌跡を求めて(2)」, 『經濟學
　　論叢』55-1, 同志社大學經濟學會, 2003.

王綿厚·朴文英, 『中國東北與東北亞古代交通史』, 遼寧人民出版社, 2016.

王培新·梁會雨, 『八連城－2004〜2009年度渤海國東京故址田野考古報告』, 文物出版社, 2014.

魏存成, 「渤海政權的對外交通及其遺迹發現」, 『中国邊疆史地研究』, 2007-3.

李鎔賢, 「統一新羅の傳達體系と'北海通'」, 『朝鮮學報』171, 1999.

李孝聰, 『中國區域歷史地理』, 北京大學出版社, 2004.

張碧波, 「渤海國與中亞粟特文明考述」, 『黑龍江民族叢刊』5, 2006.

佐々木史郎, 『北方から來た交易民－絹と毛皮とサソタソ人』, NHKブックス, 1996.

肖忠純, 「隋唐營州的民族融合·胡風與葬俗」, 『渤海大學學報』, 2016-1.

清水信行·鈴木靖民, 『渤海の古城と國際交流』, 勉誠出版, 2021.

下山晃, 『毛皮と皮革の文明史－世界フロンティアと掠奪のシステム』, ミネルヴァ書房, 2005.

黑龍江文物考古研究所, 『渤海上京城: 1998〜2007年度考古發掘調査報告』, 文物出版社, 2009.

사진과 지도 출처

20쪽 왕면후·박문영, 『중국 동북과 동북아 고대 교통사』, 요녕성인민출판사, 2016, 251쪽
참조.

24쪽 이성제 편, 『고구려성 사진자료집-중국 요령성·길림성 서부』, 동북아역사재단,
2006, 234쪽과 이성제 편, 『고구려성 사진자료집-중국 길림성 동부』, 동북아역사재
단, 2010, 18쪽 참조.

28쪽 정진술, 『한국의 고대 해상교통로』, 한국해양전략연구소, 2009, 245쪽 참조.

43쪽 권은주, 「당대 영주 출신 고구려계 고영숙의 묘지명 검토」, 『한국고대사연구』 84,
2016, 352쪽 참조.

49쪽 이효총, 『중국 지역 역사 지리』, 북경대학출판사, 2004, 402쪽 참조.

57쪽 서고성자 궁전지 전경_동북아역사재단.

77쪽 홍려정 석비_위키피디아 커먼즈.

82쪽 정석배, 「발해 거란도 노선 연구」, 『고구려발해연구』 60, 2018, 111쪽 참조.

94쪽 정석배, 「발해의 북방-서역루트 '담비길' 연구」, 『고구려발해연구』 63, 2019 참조.

105쪽 정석배, 「유물로 본 발해와 중부-중앙아시아 지역 간의 문화교류에 대해」, 『고구려
발해연구』 57, 2017.

107쪽 발해진 토대자촌 출토 사리함 유리병_ 흑룡강성박물관 소장. 이송란, 「발해 상경성
출토 사리구의 구성과 특징」, 『동북아역사논총』 27, 2010, 137쪽.

107쪽 아브리코스 절터에서 출토된 경교 십자가_샤푸크노프, 송기호 역, 「연해주의 발해
문화 유적」, 『백산학보』 30·31, 1985, 474쪽.

108쪽 크라스키노성터에서 출토된 낙타 뼈_동북아역사넷.

108쪽 크라스키노성터에서 출토된 청동 낙타상_김은국·정석배, 『크라스키노 발해성-발
굴 40년의 성과』, 동북아역사재단, 2021, 465쪽.

113쪽 국립문화재연구소.

128쪽 국립중앙박물관(복제품).

139쪽 히로시토 도로키, 「신라의 '북해통' 경로 재검토」, 『교통사연구』 88, 2016, 38쪽 참조.

141쪽 정요근, 「7~11세기 경기도 북부 지역에서의 간선 교통로 변천과 '장단도로長湍渡路'」, 『한국사연구』 131, 2005, 201쪽 참조.

145쪽 이병건, 「발굴 결과로 새롭게 본 강동 24개 돌 유적의 건축적 성격」, 『동북아역사논총』 37, 2012, 175쪽.

183쪽 정재정, 『고대환동해교류사 2-발해와 일본』, 동북아역사재단 편, 2010, 141~142쪽.

186쪽 정진술, 『한국 고대 해상교통로』, 2009, 416쪽 참조.

196쪽 왕배신·양회우, 『팔련성-2004~2009년도 발해국 동경 고지 전야 고고 보고』, 문물출판사, 2014, 291쪽 참조.

197쪽 국립중앙박물관(복제품).

199쪽 구난희 외, 『발해 유적 사전: 중국편』, 한국학중앙연구원출판부, 2015, 253쪽 참조.

210쪽 크라스키노성 항공 사진_동북아역사재단 역사넷.

210쪽 크라스키노성 평면도_김은국·정석배, 『크라스키노 발해성-발굴 40년의 성과』, 동북아역사재단, 2021, 21쪽.

211쪽 청동 낙타상_김은국·정석배, 『크라스키노 발해성-발굴 40년의 성과-』, 2021, 465쪽.

211쪽 낙타 뼈_동북아역사재단 외, 『연해주 크라스키노 발해성 2012년도 발굴조사』, 2013, 478쪽.

211쪽 화병 모양 거란 토기_김은국·정석배, 『크라스키노 발해성-발굴 40년의 성과-』, 2021, 657쪽.

222쪽 묵서명 토기_이시카와현 매장문화센터 소장.

*윤재운 촬영: 36, 38, 43, 46, 63, 67-69, 77, 100, 112, 114, 126, 127, 165, 179, 191, 199, 200, 202, 203, 205, 206, 218, 219, 222(위)

*출처 미상(확인되면 정당한 댓가를 지불함): 107쪽(신장상), 168쪽(발해 역사 문화 회관)

*지도 출처

49, 88, 110, 117, 141, 149, 170, 186, 214쪽 국립지리정보원.

50, 51, 53, 55, 82쪽 〈발해 유적 분포도〉(정석배, 윤재운, 이병건, 김영길 지음, 『발해유적총람』, 예지안, 2023) 참조.

94쪽 위키피디아 커먼즈, Lencer.

57, 122, 182, 196, 210쪽 오픈스트리트맵(www.openstreetmap.org).

193, 199, 205, 207쪽 미국 항공 우주국NASA(firma.modaps.eosdis.nasa.gov).

217, 221, 228쪽 일본 지리원지도(map.gsi.go.jp).